JN313684

コンパクト 経済学ライブラリ 6

コンパクト
国際経済学

多和田 眞

新世社

編者のことば

　経済学の入門テキストは既に数多く刊行されている。それでも，そのようなテキストを手に取りながら，数式や抽象的理論の展開を目にしただけで本を閉じてしまう入門者も少なくない。他方で，景気回復や少子高齢化，労働市場の流動化，金融の国際化・ハイテク化，財政赤字の累増等，経済学に関係の深い社会問題自体には関心が高く，現実の経済現象が経済学でどのように捉えられるかという問題意識を持つ読者も多い。こうした傾向を捉え，いま，より一層の「わかりやすさ」「親しみやすさ」を追求したテキストの出版が求められている。

　これまで新世社では，「新経済学ライブラリ」をはじめ，「〈入門/演習〉経済学三部作」，「基礎コース［経済学］」等，いくつかの経済学テキストライブラリを公刊してきた。こうした蓄積を背景に，さらに幅広い読者に向けて，ここに新しく「コンパクト 経済学ライブラリ」を刊行する。

　本ライブラリは以下のような特長を持ち，初めて学ぶ方にも理解しやすいよう配慮されている。

1. 経済学の基本科目におけるミニマムエッセンスを精選。
2. 本文解説＋ビジュアルな図解という見開き構成によるレイアウトを採用。概念・理論展開の視覚的理解を図った。
3. 現実の経済問題も取り入れた具体的な解説。
4. 半年単位の学期制が普及した大学教育の状況に適した分量として，半期週1回で合計14回程度の講義数という範囲内で理解できるように内容を構成。
5. 親しみやすいコンパクトなスタイル。

　従来にないビジュアルかつ斬新で読みやすいテキスト・参考書として，本ライブラリが広く経済学の初学者に受け入れられることを期待している。

　　　　　　　　　　　　　　　　　　　　　　　　　　　井堀 利宏

はしがき

　現代の経済社会は，情報通信技術の急速な進歩や交通輸送手段の発展によって，国境を越え世界の隅々までヒト，モノ，カネ，そして情報が大量に行き来しています。私たちはこのような，かつてなくグローバル化した経済社会の中に生きており，世界経済の変化は，私たちの生活にとって大きな影響力をもつものになっています。

　本書はこうした世界経済において，ヒト，モノ，カネが国境を越えて動くときの経済法則について説き明かしています。解説の流れはいくつかの洗練化された経済モデルに基づいていますが，それらのモデルは非常に豊かな内容をもち，世界経済を考えるうえで欠かせない基本的な視点を提供するものになっています。

　また，世界の国々の間で実際にどのような経済取引がなされているのかについてもみていきます。そして，こうした取引を支える国際的なルールについて，その歴史的な背景を踏まえながら，説明しています。さらに今日，グローバル化した世界経済が直面している問題点についても言及しています。

　本書は，経済学を初めて学ぶ大学1，2年生を主な読者に想定しつつ，より幅広く，高校生の高学年から，経済について改めて学ぼうとする社会人の方々までをも対象として書かれています。そのためできるだけ平易な説明を心がけて，世界経済のメカニズムと現実の経済状況を紹介しています。

　本書の特長として，左頁の本文でその章のテーマについての主要な説明が展開されていますので，まず，左頁を読み進めてください。右頁には，本文の内容に関連した図表や，要点を整理したキーポイント，コラムなどを設けました。コラムでは，本文の解説では紹介

しきれなかった項目の補足や，関連するテーマとして重要と思われる話題を拾いあげて紹介しています。

　本書は，当初の計画から大幅に遅れての出版となりました。筆者のあいかわらずの遅筆もありますが，最近の大学では，各教員一人ひとりが，教育・研究に加えて，社会貢献，外部資金の獲得など，大学行政すべてにおいて一定の成果を求められる時代になっています。そのような負担もあり，多忙な中での執筆ということで，新世社の御園生晴彦氏，清水匡太氏，出井舞夢氏ほか編集部の方々には大変なご迷惑をおかけしてしまいました。ここにお詫び申し上げるとともに，それにもかかわらず辛抱強く出版にまで導いていただきましたことに深く感謝いたします。

　とくに御園生晴彦氏には，原稿のやりとりの中で忍耐をもっていつも笑顔で接していただき，また適切で有益な多くの助言をいただきました。ここに心より御礼申し上げます。

　なお，図表の作成にあたっては，新世社編集部の方々および星城大学経営学部の平岩恵理子先生にお力添えをいただきました。記して厚く御礼申し上げます。

2010年9月

多和田　眞

目　次

はしがき……………………………………………………………… i

序　章　国際経済学で学ぶこと　　1
　国際経済とは …………………………………………………… 2
　国際貿易論で学ぶこと(1)——比較優位論 …………… 4
　国際貿易論で学ぶこと(2)——現代の国際貿易論 …… 8
　国際マクロ経済学で学ぶこと …………………………………12
　国際金融論で学ぶこと …………………………………………16
　国際経済を学ぶための予備知識 ………………………………18

第1章　リカードの比較優位論　　21
　グローバリゼーションと国際貿易 ……………………………22
　アダム・スミスの絶対優位論 …………………………………24
　リカードの比較優位論 …………………………………………28
　リカードの比較優位論の意味 …………………………………32
　■本章のまとめ …………………………………………………34

第2章　ヘクシャー=オリーンの比較優位論　　37
　ヘクシャー=オリーンの貿易モデル ……………………………38
　ヘクシャー=オリーン・モデルにおける貿易の利益 …46
　■本章のまとめ …………………………………………………52

第3章　現代の国際貿易論　53

収穫逓増的な技術 …………………………………… 54
規模の経済(1)——マーシャルの外部経済 …………… 56
規模の経済(2)——収穫逓増的な生産技術の存在 …… 74
独占的競争と産業内貿易 …………………………… 78
■本章のまとめ ……………………………………… 82

第4章　貿 易 政 策　85

貿易政策とは ………………………………………… 86
部分均衡分析と一般均衡分析 ……………………… 88
部分均衡分析による自由貿易の効果 ……………… 90
部分均衡分析による関税政策の効果 ……………… 92
部分均衡分析による輸入数量制限の効果 ………… 94
部分均衡分析による輸出補助金の効果 …………… 98
一般均衡分析による小国の自由貿易の効果 ……… 98
一般均衡分析による小国の関税政策の効果 ……… 102
一般均衡分析による輸入数量制限や輸出補助金の効果 … 104
■本章のまとめ ……………………………………… 108

第5章　世界の貿易体制と日本の貿易　113

日本の貿易(1)——石油危機以前まで ……………… 114
日本の貿易(2)——日米貿易摩擦 …………………… 116
日本の貿易(3)——アジアとの関係 ………………… 118
世界の貿易体制——ガット(GATT) ……………… 122
ガットの多角的関税引き下げ交渉(ラウンド) ……… 126
ガットからWTOへ ………………………………… 130

目　次　　　　　　　　v

　　地域経済統合への動き ……………………………… 132
　　■ 本章のまとめ …………………………………………… 136

第6章　国際収支統計と為替レート　139

　　国際収支統計 ………………………………………… 140
　　為替レート …………………………………………… 144
　　外国為替市場 ………………………………………… 146
　　為替相場制度(1)──固定為替相場制 ……………… 146
　　為替相場制度(2)──変動為替相場制 ……………… 152
　　為替レートと経常収支 ……………………………… 154
　　■ 本章のまとめ …………………………………………… 158

第7章　開放経済下のマクロモデル：財市場　159

　　開放経済マクロモデル ……………………………… 160
　　財市場の均衡 ………………………………………… 162
　　財市場の均衡下での国内総生産の決定 …………… 164
　　IS 曲線 ……………………………………………… 170
　　■ 本章のまとめ …………………………………………… 174

第8章　開放経済下のマクロモデル：貨幣市場　175

　　貨幣とは ……………………………………………… 176
　　貨幣の供給 …………………………………………… 178
　　貨幣の需要 …………………………………………… 184
　　貨幣市場の均衡 ……………………………………… 186
　　LM 曲線 ……………………………………………… 188
　　■ 本章のまとめ …………………………………………… 190

第9章 開放経済下での財政・金融政策　191

はじめに …………………………………………… 192
国際収支の均衡 …………………………………… 192
BP 曲 線 ………………………………………… 196
開放経済下での経済全体の均衡 ………………… 196
固定為替相場制下での財政政策 ………………… 200
固定為替相場制下での金融政策 ………………… 202
■本章のまとめ …………………………………… 206

第10章 国際通貨制度と日本の円　209

国際通貨とは ……………………………………… 210
金 本 位 制 ………………………………………… 212
金本位制の崩壊 …………………………………… 216
ブレトンウッズ体制 ……………………………… 218
変動為替相場制への移行 ………………………… 220
変動為替相場制下でのドルと円 ………………… 222
円高と日本経済 …………………………………… 224
世界を駆けめぐる投機マネー …………………… 228
■本章のまとめ …………………………………… 230

文 献 案 内 …………………………………………… 233
人 名 索 引 …………………………………………… 237
事 項 索 引 …………………………………………… 238

序章
国際経済学で学ぶこと

国際経済とは

　過去から現在のいつの時代においても，国際間の経済取引は一国の経済の繁栄にとってきわめて重要な意味をもってきました。それゆえ，経済学的にも国際経済の問題は主要な研究対象として，多くの経済学者の関心を集めてきました。古くは海外との貿易により，金銀や財貨を稼ぐことが一国の繁栄をもたらすと考えた**重商主義**や，国際貿易を通じて国際分業を実現させることで，各国はより高い経済厚生を実現できるとした18世紀末から19世紀初頭にかけてのイギリスの**古典派経済学**があります。

　現代においては，生産技術の向上によって多種多様な商品が出現し，また交通手段や情報通信技術の飛躍的発展によって，海外との人的交流や情報交換も容易となっています。そのため国際的な経済取引も飛躍的に増大し，また多様化してきています。こうした状況の中で，国際経済に関係する問題は多岐にわたり，私たちの経済・社会生活において身近な問題としてその重要性が増してきています。

　とくに，国際間の経済取引は従来，財の交換を中心とする貿易が主流で，国家間での通貨の取引はそれに付随するものでしたが，貿易取引形態の多様化や直接投資の拡大と情報化社会の進展によって，国家間の通貨の取引は貿易量を超えて，投機の対象としてその取引規模が飛躍的に拡大し，国際経済社会に大きな影響力をもってきました。

　天然資源に乏しい日本が経済的繁栄を享受するためには，国際貿易は欠かせない重要な手段であり，実際，加工貿易国として，世界との貿易によって今日の経済的繁栄を築き上げてきました。**図0-1**は戦後の日本の国内総生産（GDP）の推移と輸出・輸入の推移を示したものです。日本の経済規模を表すGDPが大きくなるにした

(a) 国内総生産(GDP)(名目値)の推移

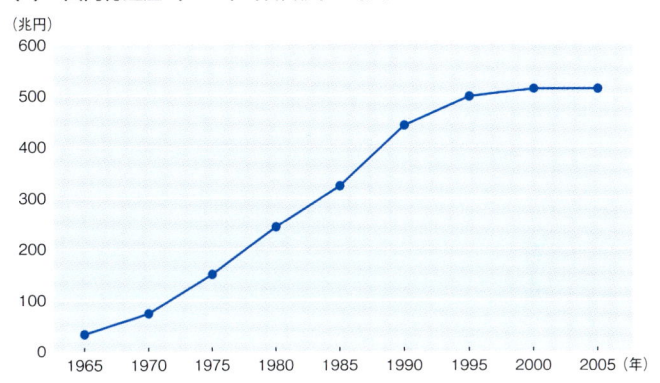

(兆円)

(b) 輸出入の推移

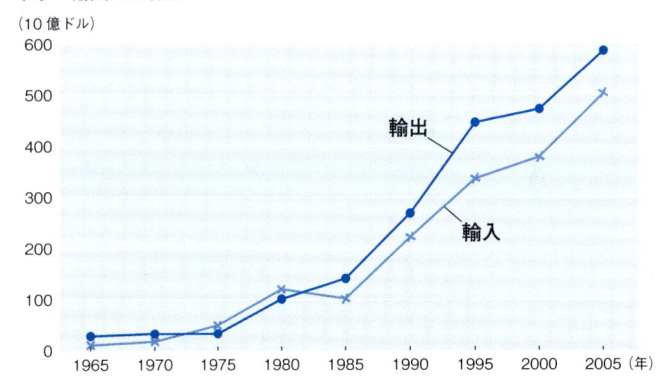

(10億ドル)

図0-1 戦後日本の国内総生産(GDP)および輸出入の推移
(出所)(a) 経済社会総合研究所公表の暦年データ,(b) 日本貿易振興機構(JETRO)(2006)「日本の貿易動向」より作成

がって，日本の貿易量も拡大してきていることがわかります。とくに1981年以降は，恒常的に輸出が輸入を上回り，日本は経常収支（財・サービスの貿易額）の大きな黒字を記録するようになってきました。また表0-1に示されているように，世界に占める日本の貿易額はアメリカ，ドイツ，中国につぐ大きさとなっており，このことからも日本が貿易大国であることがわかります。

戦後の日本は経済大国アメリカを主要な貿易相手国として，貿易の利益を享受してきましたが，近年では経済成長の著しい東アジアとの貿易のウエイトが大きくなってきています。とくに13億もの人口を抱える中国の経済発展が非常な勢いで進んでいるため，中国市場は世界から熱い注目を浴びており，日本も中国との貿易を含めたさまざまな経済的交流に期待をかけています（表0-2）。

世界経済の動向は国家的な視点のみならず，現在では私たちの経済生活に身近なものとしてさまざまな影響を与えています。したがって，世界経済の状況や国際間の財・サービスの貿易，また国際間の通貨取引を中心とする国際金融などのメカニズムをしっかりと把握することが私たちの生活においても重要になっています。

● 国際貿易論で学ぶこと（1）——比較優位論

国際経済学は，以上に説明した国際間取引に関係する諸問題を扱いますが，体系的には2つの分野に区別して扱います。

一つは国際貿易論であり，もう一つは国際マクロ経済学あるいは国際金融論といわれる分野です。以下これらについて少し詳しく紹介しましょう。

国際貿易論の分野では，国際間のさまざまな経済取引の中で，①自動車，電化製品，石油，農産物などの財をめぐる交易，②音楽や

表0-1 世界の主要国における最近の輸出入額

(単位:10億ドル)

		2005年	2006年	2007年
日本	輸出額	594④	649④	709④
	輸入額	514④	579④	619④
アメリカ	輸出額	907②	1,038②	1,162③
	輸入額	1,732①	1,919①	2,017①
ドイツ	輸出額	977①	1,122①	1,329①
	輸入額	780②	922②	1,059②
中国	輸出額	761③	964③	1,217②
	輸入額	659③	791③	956③
フランス	輸出額	443	488	541
	輸入額	484	536	413
イギリス	輸出額	371	428	432
	輸入額	483	547	615

(出所) 総務省統計局(2009)「世界の統計 2009年版」
(注) ①〜④は世界における順位を表す。

表0-2 日本のアメリカ,中国への輸出入額の推移

(単位:10億円)

	相手国別輸出額			相手国別輸入額		
年次	総額	アメリカ	中国	総額	アメリカ	中国
2000年	51,654	15,356	3,274	40,938	7,779	5,941
2005年	65,657	14,805	8,837	56,949	7,074	11,975
2007年	83,931	16,896	12,839	73,136	8,349	15,035
2008年	81,018	14,214	12,950	78,955	8,040	14,830
前年比	−3.5%	−15.9%	0.9%	8.0%	−3.7%	−1.4%

(出所) 総務省統計局(2010)「PSI(ポケット統計情報)月報」より作成
(資料) 財務省「外国貿易概況」

演劇などの国際的活動や海外への観光旅行あるいは国際的な技術移転などのサービス面での交易，さらには③生産活動のための企業や労働者の国際間の移動などを取り上げて，その経済的な意味について分析します。

国際貿易の理論的基礎として代表的なものに，イギリスの古典派の経済学者デビッド・リカード（1772-1823）による**比較優位論**があります。リカードは，やはりイギリスの古典派の経済学者であるアダム・スミス（1723-1790）が，名著『国富論』（1776年）で一国の富は互いの激しい競争を基礎とする市民の自由な経済活動によってより良くもたらされると論じた際の基礎となった分業論を国際的な枠組みに拡張して，国際間の分業にもとづく貿易について論じました。リカードは，2つの国の間で貿易が生じるのは，両国間で生産技術に差があるためであると考えます。そして，それぞれの国が互いに得意とするものを生産してそれらを交換することによって，互いの国はよりよくなりうるということを示しました。この理論によって，貿易を行うことの経済的重要性が示されました。

リカードの生産技術における比較優位にもとづく国際貿易の考え方とは別の比較優位論が，その後スウェーデンの2人の経済学者エリ・ヘクシャー（1879-1952）とバーティル・オリーン（1899-1979）によって提示されました。彼らは，2つの国の間で生産技術が同じであっても貿易が生じるような場合を考えました。それは，各国に与えられている労働や土地や資本などの本源的生産要素の存在量（**賦存量**）に違いがあると貿易が生じる，というものです。たとえば，労働人口が相対的に大きい国は，生産のために労働をより多く必要とする財に比較優位をもつため，この財をより多く生産して輸出することになるというものです。

■ 国際貿易論のテーマ① ■ 比較優位論

- リカード・モデル
 生産技術の差によって貿易が生じ，各国が得意なものを生産することで豊かになる。

- ヘクシャー゠オリーン・モデル
 生産技術が似通っていても労働や土地，資本などの賦存量の違いによって貿易による利益が生じる

コラム　資本とその国際間移動

　経済学では土地・労働・資本を生産の3要素といいますが，ここで資本について少し説明します。資本には物的資本と貨幣的資本があります。物的資本は工場設備や機械設備など生産に用いられる生産手段であり，貨幣的資本は現金通貨，債券，証券などで，生産手段の購入に用いられる資金となるものとされます。

　国際経済では，資本が国境を越えて移動することがあります。物的資本がある国から外国に流出するとは，この国の企業等が外国に生産設備を備えることを意味し，貨幣的資本の国内から外国への流出は，その資金によって本来国内の生産設備の更新や拡大が行われるものが，外国において行われることになります。外国資本の国内への流入はその逆を意味します。

　資本の国際間移動には間接投資と直接投資があります。間接投資は利殖のための投資目的で，貨幣的資本を国際間移動させる場合をいい，したがって，現地生産の開始や拡大や現地企業の買収などを目的としない資本移動の場合のことをいいます。一方，直接投資は現地生産の開始や拡大あるいは現地企業の買収などを目的とするもので，現地企業の経営への関与を目的とするものです。直接投資は企業経営に関与することによって，生産技術や経営のノウハウ，労働者の管理や訓練なども資本移動に伴って伝播するため，直接投資の行われる国の間に与える経済的影響が大きいといえます。

彼らのこの考え方は**ヘクシャー=オリーンの比較優位論**として，その後，新古典派の経済学者ポール・サミュエルソン（1915-2009）らによって精緻化されて，国際貿易論の代表的なモデルとなっています。先進国と途上国の間では生産技術の違いが大きいため，リカード・モデルが有用です。また先進国間での貿易では，日本とアメリカのように生産技術は同じでも，土地の広さや労働人口，資本の量に偏りがある場合には，ヘクシャー=オリーン・モデルによって2国間の貿易を説明することができます。

● 国際貿易論で学ぶこと(2)——現代の国際貿易論

比較優位論では，2つの国の間での生産技術や本源的生産要素の賦存量に差があることで貿易が生じるということでしたが，それでは，生産技術も本源的生産要素の賦存量も同じであるような2つの国の間では貿易は生じないのでしょうか。現実には生産技術も本源的生産要素の量も同じように与えられているヨーロッパの先進国間，たとえばイギリスやフランス，ドイツの間でも貿易は活発に行われています。このような状況はリカードやヘクシャー=オリーンの比較優位論では説明できません。これらの貿易理論とは別の新しい貿易論が必要です。

現代の貿易論は生産技術や要素賦存量が同じような国の間での貿易をも説明できるようなモデルとして，**規模の経済**や**財のバラエティ（多様性）**のある経済を考えるようになっています。しかも，このような側面が，現代の国際貿易の大きな原動力になってきています。アダム・スミスやリカード以来，自由貿易こそが各国に繁栄をもたらすという信念のもとに，戦前はイギリスを中心に，戦後はアメリカを中心に自由貿易が推進されてきました。しかし，現代の多

表0-3 世界各国の主要指標の比較

国　名	面　積 [2006年 万km²]	人　口 [2008年 万人]	名目GDP [2007年 10億ドル]	輸出額 [2007年 10億ドル]	輸入額 [2007年 10億ドル]
日　本	38	1億2,770	4,385	701	620
韓　国	10	4,840	957	371	357
中　国	960	13億3,630	3,400	1,218	956
シンガポール	0.07	449	161	299	263
インド	329	11億8,620	1,141	145	216
アメリカ	963	3億880	13,776	1,163	2,017
カナダ	999	3,320	1,426	417	389
ブラジル	851	1億9,420	1,314	161	127
イギリス	24	6,400	2,768	435	621
スペイン	51	4,460	1,437	249	385
フランス	55	6,190	3,317	541	616
ド イ ツ	36	8,250	2,546	1,329	1,060
イタリア	30	5,890	2,095	500	510
ロ シ ア	1,710	1億4,180	1,290	355	245
オーストラリア	769	2,100	946	141	165

（出所）　総務省統計局（2009）「世界の統計　2009年版」

くの産業では規模の経済が働きやすく，それゆえ，産業は大企業に支配されやすく企業間競争が不完全にしか機能しなくなってきています。また，スミスやリカードの時代には大きな問題とはならなかった環境問題が現代においては深刻化してきています。このような状況においては，自由貿易がすべての国に恩恵を与えるとは限らなくなっていることも事実です。むしろ，政府が自国の利益のために，自国の貿易に積極的に介入していくことが必要であるという議論が，1980年代に入ってアメリカを中心として登場しました。

　この背景の一つとして，1980年代の日本の経済的台頭とそれによる日本のアメリカに対する大幅な貿易黒字によって激化した日米貿易摩擦があります（**図0-2**に示されているように80年代前半に日本のアメリカとの貿易による黒字が大きく拡大しています）。日本は貿易大国であり，その経済的繁栄は政府主導の貿易政策や産業政策によって築き上げたもので，他国の犠牲の上に成り立っているという議論です。その是非は別として，これを契機に**戦略的貿易政策論**が貿易論の大きなテーマとなってきました。戦略的貿易政策論が多くの経済学者の関心を集めたもう一つの理由として，それに近年大きく発展した**ゲームの理論**を適用することで従来に比べて，より深い分析が可能になったことも挙げられます。

　国際貿易論では，以上に説明してきた順にしたがって，はじめにリカードやヘクシャー゠オリーンの伝統的な貿易論のもとでの貿易の形態や貿易による国の利益について学び，その後，規模の経済や不完全競争のもとでの貿易や財のバラエティを交換する産業内貿易など現代的な貿易の形態について学びます。そして関税や輸入数量制限，幼稚産業保護等のさまざまな**貿易政策の効果**について学びます。またゲームの理論を応用した戦略的貿易政策論も重要なテーマ

国際貿易論で学ぶこと(2)——現代の国際貿易論

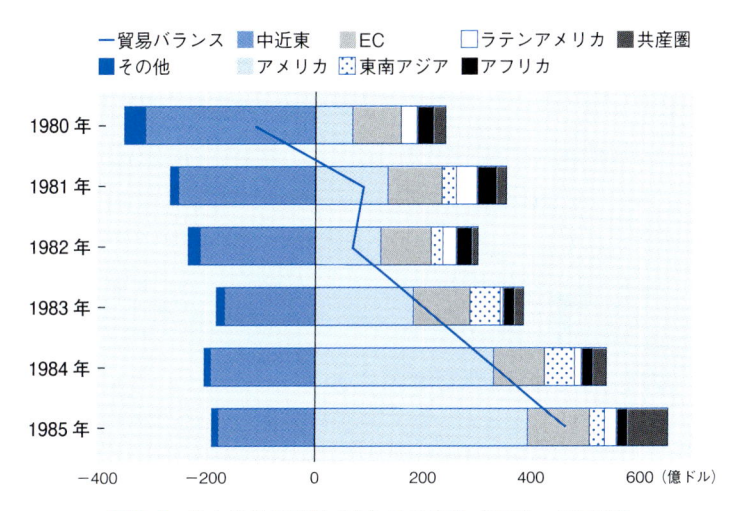

```
凡例：―貿易バランス ■中近東 ■EC □ラテンアメリカ ■共産圏
      ■その他 ■アメリカ ▨東南アジア ■アフリカ
```

図0-2　日本の地域貿易バランスの推移（1980〜1985年）
（出所）　通商産業省（1986）「昭和61年版　通商白書」

■ 国際貿易論のテーマ② ■ 現代の国際貿易論

- 生産技術や労働や土地，資本などの本源的生産要素が似かよっていても，規模の経済や財の多様性によって，貿易による利益が生じる。

- 自由貿易はすべての国に恩恵を与えるとは限らない。政府による国際間の介入が必要（戦略的貿易政策論）。

です。

　これらの考え方をさらに発展させることで，国際間労働移動や企業の海外移転，多国籍企業の行動等の問題も重要な国際貿易論の課題です。そしてこれらの知識をもとに，日本とアジアの貿易，日米間の貿易問題，WTOに代表される世界の貿易体制，EUやNAFTAなどの**地域経済主義**など現代の国際貿易と貿易体制の現状について学び，各国の経済発展を促進させるための望ましい国際貿易のあり方や，それを実現するための貿易体制の構築について考えていきます。

● 国際マクロ経済学で学ぶこと

　貿易論は個別の産業や企業の行動と密接にかかわってくるため，ミクロ経済学を基礎にして展開されます。それに対して国際マクロ経済学は，20世紀を代表するイギリスの経済学者ジョン・メイナード・ケインズ（1883-1946）によってその基礎を築き上げられた現代の**マクロ経済学**を国際経済の枠組みの中で再構築したものです。

　フランスの経済学者レオン・ワルラス（1834-1910）を代表とする新古典派経済学に基礎を置くミクロ経済学では，貨幣は実物的な財の取引の単なる媒介としての役割しか果たさないものと考えます。すなわち，社会全体の貨幣量は物価水準を決定するのみで，生産水準や消費水準に影響を与えることはないと考えました。これに対して，ケインズ経済学では貨幣量が物価水準のみならず，生産水準や消費水準などの実物面にも影響を与えると考えて，**貨幣の実物面における役割**の重要性を強調します（図0-3）。

　そして，一国の景気の安定化や経済の成長のためには政府の行う経済政策が重要であるとして，とくに**財政政策・金融政策**を景気を

■ 国際貿易論のテーマ③ ■ 発展問題

- 国際間労働移動の問題
- 企業の海外移転，多国籍企業の問題
- 日本とアジアの貿易の問題
- 日米間貿易の問題
- 世界の貿易体制
- 地域経済主義（EU, NAFTA）の問題

〈新古典派経済学の考え方〉　　　　〈ケインズ経済学の考え方〉

貨幣は財の取引の単なる媒介にすぎない。　　　　貨幣の量が，生産水準や消費水準に影響を与える。

図0-3　貨幣に対する考え方の違い

ケインズ経済学では財の交換手段としての貨幣の側面に加えて，貨幣の投機的側面に着目した。

安定させるための基本的な経済政策としました。国際マクロ経済学では、この考え方を外国と経済取引を行っている国に適用して、一国の経済の成長や景気の安定化のための政策を考えていきます。とくにロバート・マンデル (1932-) とマーカス・フレミング (1911-1976) によって提示された**マンデル=フレミング・モデル**では、財・サービスの海外取引を中心とする経常取引と、生産活動のための資金となる資本の海外取引である資本取引を通常のマクロ経済学に導入して、財政・金融政策の効果について考えます。

以上に述べたように、国際マクロ経済学では貨幣が重要な役割を果たします。貨幣が国際間を移動するためには**異なる国の間での通貨の交換比率**に関するルールが重要です。いわゆる為替レートの問題です。たとえば、円とドルの交換比率はどのようにして決まるのかを考える必要があります。**為替レートの決定**についてはさまざまな要因が考えられます。本来通貨の交換は国家間での財・サービスの売買に伴って生じるものですが、為替レートが変動相場で決まるとき、財・サービスの売買とは無関係に為替レートの変動を利用した投機的な通貨の売買が国際間で行われます。

新古典派の考え方とケインズの考え方の一つの大きな違いは、ケインズは**貨幣の投機的側面**に着目したことです（**図0-3**参照）。為替取引におけるこの側面が、実体経済取引とは無関係に、近年の国際間通貨取引の主流となっていて、これが為替レートの決定に重要な影響を及ぼすようになっています。そしてそのことが為替レートの動きを複雑にして、実体経済の国際間取引にも重要な影響を与えるようになっています。いずれにしても、為替レートの水準が国際間の資本移動に影響を及ぼし、ひいてはそれが一国の経済に大きな影響を及ぼしています。このような問題を考えるためには、マクロ

■ 国際マクロ経済学のテーマ ■ 開放経済下の政府のマクロ経済政策

- 国際的な経済取引を，財・サービスの国際間取引を計上した経常収支と，対外的な資産や負債を計上した資本収支に分け，こうした外国との経済取引が存在する，開放経済下での一国の経済政策（財政政策と金融政策）の効果を考察する。

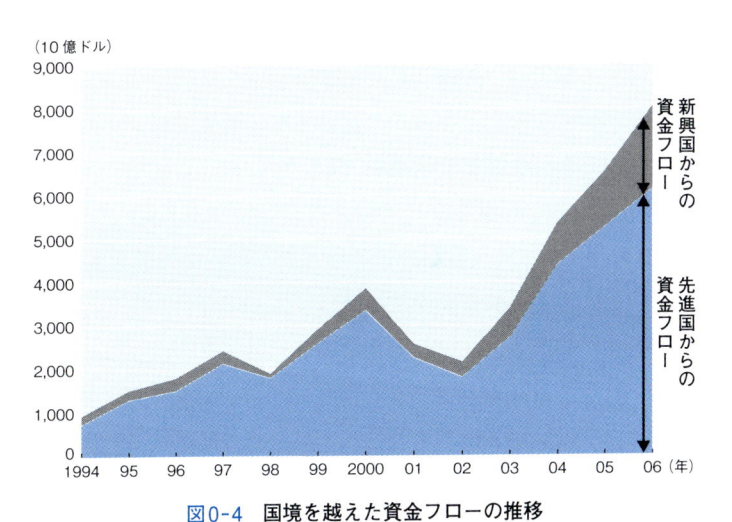

図0-4 国境を越えた資金フローの推移
(出所) 内閣府（2008）「世界経済の潮流2008 I」
(資料) IMFより作成。
(注) 資金フローは，投資収支における対外投資および外貨準備高増減の合計額。

国際金融論で学ぶこと

どの範囲が国際マクロ経済学でどの範囲が国際金融かについての明確な区別はありません。カバーする範囲はどちらもあまり大差はありません。あるとすればポイントの置き方の違いでしょう。国際マクロ経済学ではマンデル゠フレミング・モデルによる政府のマクロ経済政策にウエイトが置かれますが、国際金融論では通貨の国際間取引が中心となります。すなわち、国際金融市場と、この市場を通しての国際的な資金の流れ（図0-4）のメカニズムについて解明することに重点が置かれます。

国際金融市場では、先物、スワップ、オプションといったさまざまなデリバティブ取引（右頁コラム参照）の発達によって、為替の変動を利用したさまざまな投機的な取引が行われており、近年国際金融市場に大きな影響を与えています。1997年にアジアを襲った通貨危機（p.119コラム参照）はこうした投機的な国際資本移動が大きな原因と考えられています。それによって、とくに、タイ、インドネシア、韓国等の経済は大きなダメージを受けました。さらに2008年のアメリカのサブプライムローン問題（p.19コラム参照）は、デリバティブ商品が金融本来の役割を離れて、世界の投機的金融システムを通して、世界経済を大きな混乱に陥れました。

また、為替レートの決まり方はその国がどのような為替制度を採用するかによって異なります。大きく分けて固定為替相場制と変動為替相場制があります。

固定為替相場制は、その国の通貨の国際市場における需要と供給の大きさに関係なく常に一定の交換比率で通貨を交換する制度です。

■ 国際金融論のテーマ ■ 通貨の国際間取引

- 国際金融市場における為替レート決定の要因を考察する。
- 国際的な資金の流れのメカニズムを解明する。

コラム　デリバティブ取引

デリバティブ（金融派生商品）とは，経済的取引において生じる時間やリスクの節約や回避のために考えられたもので，主なデリバティブの取引としては金融先物取引，金融オプション取引，金融スワップ取引があります。

金融先物取引は債券や株式，外貨などを現時点で価格を確定して，その価格で一定の期間後に売買する取引です。

金融オプション取引は債券，株式，外貨などを一定期間後に現在確定した価格（オプション価格）で売る（プットという）権利や買う（コールという）権利の取引です。たとえば一定の手付金を払って，ある金融商品の買い（コール）オプションの契約をすると，金融商品が一定期間後に現物市場でオプション価格以上に値上がりした場合は，この金融商品をオプション価格で購入でき，オプション価格より値下がりしたときは値下がりした現物価格で購入できるという取引です。

金融スワップ取引とは自国通貨建て株式と外国通貨建て株式を交換したり，固定金利債券と変動金利債券を交換するような取引です。

これらのデリバティブ商品は一般的に収益構造が複雑で，商品の価格計算が難しいのですが，金融工学理論の精緻化やその計算を実行できる情報処理能力をもつコンピュータの発達によって十数年前から商品化が可能になり，現在ではさまざまなデリバティブ商品が開発され，金融市場で積極的に取引されています。

こうしたデリバティブ市場での取引高は年々増加しており，また同時に複数の商品が組み込まれた複雑な取引も増え，投機目的で参加する投資家も登場しています。たとえば，デリバティブ取引を積極的に活用して運用利回りの引き上げを図るヘッジファンドなどです。デリバティブ取引は巨額の利益を生む一方で，大きな損失につながるリスクもあり，各国の通貨当局においてはこうしたリスクの管理体制整備の必要性も認識されています。

一方，変動為替相場制では，その国の通貨の国際市場における需要と供給の相対的な大きさによって為替レートが決まります。したがって，需要と供給の間の大きさが変化すると為替レートも変化します。

　たとえば，その国の通貨の需要が大きくなると，その国の通貨の為替レートは高くなります。すなわち，その国の通貨を手に入れるためにはより多くの外貨を支払わなくてはならないことになります。これはある商品の需要が大きくなるとその商品の価格が上昇するため，より多くの金額を支払わないと商品が購入できないことと同じです。固定為替相場制と変動為替相場制はそれぞれ一長一短で，その国の経済に与える影響も大きく異なります。各国は自国の経済の実情に合わせてより適した制度を採用することになります。

　以上のように，国際金融市場の仕組みや為替制度の機能，およびそのもとでのさまざまな取引の形態と実態を把握して，それが実態経済とどのように関係しているのかを明らかにすることによって，一国の経済，ひいては世界経済の円滑な発展を促進させるための金融システムについて考えるのが国際金融論のテーマです。

● 国際経済を学ぶための予備知識

　国際経済学は一国の経済についての国際間取引を考え，とくに国際間取引がその国の経済に与えるさまざまな影響について分析することを基本としています。したがって，通常の経済分析の基本であるミクロ経済学やマクロ経済学に国際的な経済取引を導入することになるため，ミクロ経済学やマクロ経済学をはじめに学んでおくことが望ましいでしょう。

　もちろん，国際貿易の現状や，貿易体制，あるいは国際金融の現

コラム　サブプライムローン問題

　サブプライムローンとは，アメリカの住宅金融機関が行う住宅融資の方式の一つで，返済能力の低い個人の住宅購入のために資金を貸し付けるものです。「サブプライム」とはプライムレート（最優遇金利）より高い金利のことで，低所得で返済能力が低くプライムレートが適用できない人に高めの金利で融資をしようというものであることから，この名があります。

　このようなローンが可能なのは，貸し付けた金融機関がそのローンを証券化してMBSという債券として販売し，貸倒れリスクを分散するという仕組みがあったからです。MBSには格付会社による高い格付けがつけられていました。

　2003年ごろのアメリカでは住宅価格が上昇し続けており，サブプライムローンを使えば借りたお金が返せなくても，別の借り換えや転売で返済が可能なため，住宅の購入が急速に増えていきました。そして低金利によって容易に資金が得られた金融機関は積極的な融資を行いました。しかし，2006年ごろに住宅価格の上昇は頭打ちになり，返済能力の低い人が返済できなくなるといった事態が増加し，貸し手の金融機関やMBSを購入した金融機関は不良債権を大量に抱え，深刻な経営危機に陥りました。

　すなわち，2007年夏にアメリカの投資銀行大手ベア・スターンズやフランスの大手銀行BNPパリバの傘下のヘッジファンドや投資ファンドが，サブプライム証券化商品への投資で焦げついて破綻します。2008年に入るとベア・スターンズや住宅関連の金融公社のファニーメイやフレディマックが経営危機に陥り，さらに9月にはアメリカの大手の証券会社リーマン・ブラザーズが公的支援を得られず破綻するなどしたため，大規模な信用収縮が起こり，それが世界の金融市場に波及していきました（リーマン・ショック）。

　このような金融経済の危機は実体経済にも影響を与え，投資の収縮による資産価格の下落，消費の減退，貿易の縮小などを引き起こしました。

状や国際金融制度などについて知るためだけであれば，必ずしもミクロ経済学やマクロ経済学を必要とはしません。しかし，貿易体制や国際金融制度のメカニズムが経済に対してどのような機能をもち，どのような影響を与えるのかといった問題を考えるためには，こうした基本的な経済学の知識が必要となります。

　国際貿易論も国際マクロ経済学も，貿易取引や国際金融取引が経済に与える影響のメカニズムを分析しなくてはなりません。そのためにはそれに適したさまざまなモデルを構築して，それをもとにした分析が必要となります。モデルは数式を用いて記述されることが多いので，数学的な分析力として少なくとも，直線や曲線のグラフの表し方や読み方，1次方程式の簡単な解法などの知識があるとさらに理解が深まります。

　国際経済学では経済のメカニズムの理解に加えて，現実の世界経済の動きについても絶えず注意が必要です。日ごろ，新聞の経済欄や経済関連の雑誌の国際経済に関する特集記事などにも注意して目を通すようにしておくと，現実の世界経済の動きを整理して把握するのに役立つでしょう。

第1章
リカードの比較優位論

● グローバリゼーションと国際貿易

　1990年代に入って，世界経済は社会主義国の体制崩壊とIT革命といわれる情報通信技術の急速な発展によって，アメリカを中心とする一極集中化が進んできました。すなわち，国家間でのイデオロギーの壁がなくなり，さまざまな情報が自由に国家間で交換可能になると同時に，情報技術の発展により情報交換の量やスピードが飛躍的に増大してきました。

　世界全体で生じているこのような最近の現象を，**グローバル化現象（グローバリゼーション）**といっています。世界のグローバル化は経済をはじめとして，政治，社会，さらには自然科学などの分野にさまざまな影響を与えています（図1-1）。国境を越えた経済取引は，**ヒト，モノ，カネの国際的移動**として考えることができます。世界経済のグローバル化とは，基本的にはこのヒト，モノ，カネの国境を越えた国際的移動が活発化することとしてとらえることができます（図1-2）。とくにモノの国家間移動は国際貿易として古くから国家や国民の重要な問題として大きな関心を集めてきました。

　人々はどうして貿易を行うのか，貿易をする場合互いにどのような財を交換するのか，貿易は貿易に携わるすべての国に利益をもたらすのか，という問題に対して基本的に納得のいく形で解答を与えたのは，イギリスにおいて18世紀後半から19世紀前半に活躍した古典派の経済学者の人々です。とくにリカードはアダム・スミスの**分業論**の考え方を受け継いで，1817年に著した著書『経済学および課税の原理』の中で，生産費に関する比較優位論を用いて，貿易を行うことで互いの国が利益を得るためには，どの国がどの財を輸出し，どの財を輸入するのがよいのかを明らかにして，今日の国際貿易論の土台を築きました。

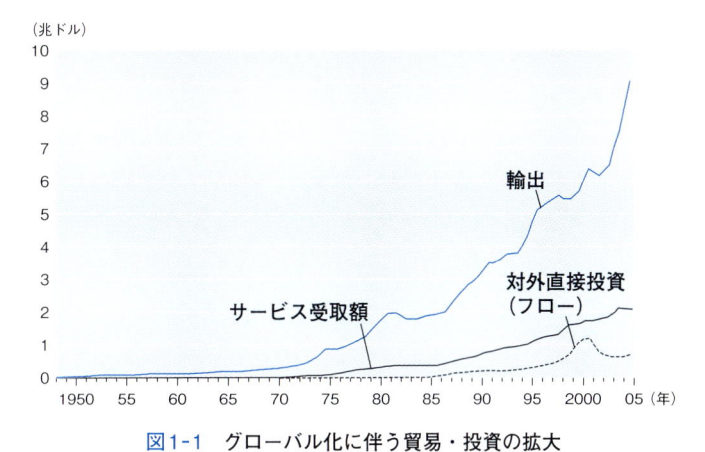

図1-1 グローバル化に伴う貿易・投資の拡大
（出所）　経済産業省（2006）「2006年版　通商白書」
（資料）　IMF *IFS, Balance of Payments* より作成

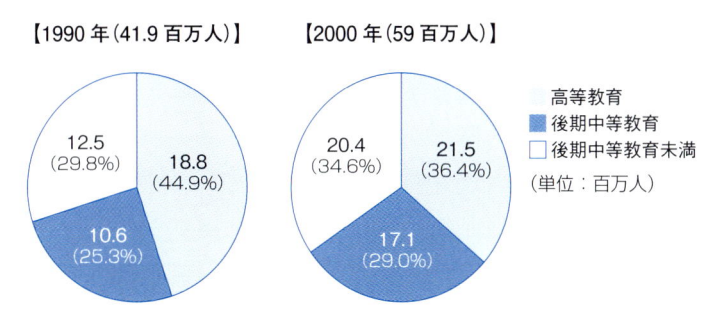

図1-2 学歴別にみた国際的なヒトの移動の拡大（世界からOECD加盟国へ）
（出所）　経済産業省（2006）「2006年版　通商白書」より作成
（資料）　世界銀行 *International migration, remittances and the brain drain.*

リカードの比較優位論の本質を理解するために、はじめにその基となったアダム・スミスの絶対優位論について説明しましょう。

● アダム・スミスの絶対優位論

アダム・スミスは1776年に著した『国富論』の第4編第2章「国内で生産できる商品の輸入規制」の中で、右頁のコラムのように述べています。このアダム・スミスの議論は、貿易相手国より安く生産できるものに生産を集中させて、それを互いに貿易することが各国に利益をもたらすというものです。このような考え方を、絶対優位論といいます。これを簡単な数値例を用いて説明してみましょう。

イギリスでは毛織物10ヤードを50時間の労働でつくり、ポルトガルではそれを100時間の労働でつくるものとしましょう。他方、ワイン1樽の生産にイギリスでは200時間の労働を必要とし、ポルトガルでは100時間の労働を必要とします。表1-1はこれをまとめたものです。

この場合、イギリスはポルトガルより少ない労働時間でできる毛織物に生産を特化（すなわち毛織物のみに生産を集中）して、ポルトガルはイギリスより少ない労働時間でできるワインに生産を特化して、互いのそれらを交換するほうが、それぞれの国が両方の財を自国で生産してそれを消費する自給自足よりも多くの量を手にすることができるので望ましい、とするのがスミスの議論です。

このことを確認してみましょう。どちらの国も所得の半分ずつをワインと毛織物に消費するものとしましょう。イギリス全体で利用できる総労働時間を8000時間、ポルトガルで利用できる総労働時間を10000時間とします。

総労働時間に対して支払われる賃金が国民全体の所得となります。

コラム　アダム・スミスの絶対優位論

「賢明な家長なら，買う方が安くつくものは自分の家で作らないようにするのが当然である。仕立て屋は靴を自分で作ろうとせず，靴屋で買う。靴屋は服を自分で作ろうとせず，仕立て屋に注文する。農民は靴も服も自分では作らず，それぞれの職人に注文する。みな，近隣の人たちより多少とも優位に立っている仕事に専念し，生産物の一部かその対価で，必要とするものを買うのが自分の利益になることを知っている。……自国で生産するより安い価格で外国から買える商品があれば，自国の労働は自国が多少とも優位にある産業に投じ，自国の生産物の一部でその商品を外国から買う方がいい。」

（アダム・スミス著・山岡洋一訳（2007）『国富論』（下）日本経済新聞出版社）

表1-1　1単位の生産に必要な労働時間（絶対優位論）

	イギリス	ポルトガル
毛織物 10ヤード	50時間	100時間
ワイン 1樽	200時間	100時間

また，両方の財が生産されるためにはどちらの財の生産に携わっても賃金は同じでなくてはなりません（もし一方の部門のほうで賃金が高ければ，すべての労働は低い部門のほうで働かずに高いほうで働こうとするため，両方の財を生産することができなくなります）。

このような状況のもとで，もし両財を自国でまかなうとすると，国民全体の所得の半分ずつ，すなわち賃金×総労働時間の半分ずつをそれぞれの財の消費にあてます。したがって，この消費を満たすための各財の生産は総労働時間の半分ずつを割り当てることになります。そこで8000時間をもつイギリスでは，4000時間をそれぞれの財の生産に割りあてますから，毛織物800ヤードを生産して消費し，ワインを20樽生産して消費することになります。同様にして，ポルトガルでは，500ヤードの毛織物と50樽のワインを生産して，消費することになります。

ここでイギリスは毛織物の生産に特化するため，8000時間の労働をすべて毛織物に投入し，ポルトガルではワインの生産に特化するため，10000時間の労働をすべてワインの生産に投入したとしましょう。イギリスでは1600ヤードの毛織物が生産でき，ポルトガルでは100樽のワインを生産できることになります。

そこで，たとえば，両国の間でイギリスの800ヤードの毛織物とポルトガルの50樽のワインを互いに交換するならば，イギリスは800ヤードの毛織物と50樽のワインを手にすることができます。一方ポルトガルも，800ヤードの毛織物と50樽のワインを手にすることができます。

イギリスは貿易をしない自給自足の場合の毛織物800ヤードとワイン20樽の状況に比べて，貿易をすることによって毛織物の消費量は同じとして，ワインの消費量を30樽分増やすことができます。

アダム・スミスの絶対優位論

イギリス

総労働時間
8000
→ 4000 / 4000

毛織物 800 ヤード
ワイン 20 樽

ポルトガル

総労働時間
10000
→ 5000 / 5000

毛織物 500 ヤード
ワイン 50 樽

自給自足の場合

貿易の開始

イギリス:
総労働時間 8000 → 8000
毛織物 1600 ヤード

ポルトガル:
総労働時間 10000 → 10000
ワイン 100 樽

貿易

イギリス: 毛織物 800 ヤード / ワイン 50 樽
ポルトガル: 毛織物 800 ヤード / ワイン 50 樽

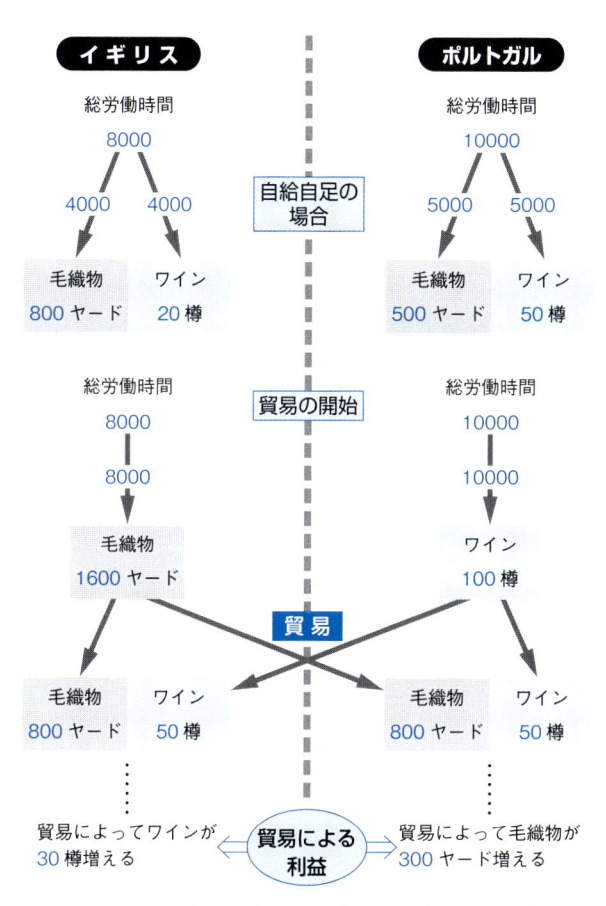

貿易による利益

貿易によってワインが30樽増える ← → 貿易によって毛織物が300ヤード増える

図1-3　アダム・スミスの絶対優位論（表1-1の例）

よって貿易をすることで，より多くの消費が可能となります。すなわちイギリスは貿易によって豊かになります。同じようにして，ポルトガルについても，ワインの消費量を同じにしたまま，毛織物の消費量を300ヤード分増やすことができますから，貿易によって豊かになります。

このように，絶対優位をもつ財の生産に互いが特化して，貿易によって，それらの財を交換することで，貿易をしない自給自足の場合より両国とも豊かになります。

● リカードの比較優位論

それでは，貿易相手国の生産技術が自国に比べてどちらの財についても劣っている場合はどうでしょうか。

たとえば，表1-2に示されているような場合について考えてみましょう。イギリスはワイン1樽を80時間の労働で生産できるとしていますが，あとは表1-1と同じになっています。

アダム・スミスの絶対優位論にしたがえば，イギリスは，毛織物，ワインいずれもポルトガルに比べて少ない労働時間でできますから，両方とも自国で生産して消費することになり，ポルトガルとの貿易は生じません。

リカードはこのような場合，すなわちイギリスがいずれの財の生産についてもポルトガルより少ない労働時間で生産できる場合でも，両国はそれぞれ一方の財に生産を特化して，貿易によって互いに財を交換することで，貿易をしないときよりよくなることを示しました。

リカードは，前述の書『経済学および課税の原理』の第7章「外国貿易について」の注釈で，アダム・スミスの議論を発展させて，

🔑 キーポイント　アダム・スミスの絶対優位論

　A国におけるX財1単位の生産に必要な労働量が，B国におけるX財1単位の生産に必要な労働量より小さいなら，A国はX財に絶対優位をもつといい，この財をA国はB国に輸出する。

(表1-1再掲)	イギリス	ポルトガル
毛織物 10ヤード	50時間	100時間
ワイン 1樽	200時間	100時間

表1-1の場合，イギリスは毛織物に絶対優位をもち，ポルトガルはワインに絶対優位をもつ。よってイギリスは毛織物を輸出し，ポルトガルはワインを輸出する。

表1-2　1単位の生産に必要な労働時間（比較優位論）

	イギリス	ポルトガル
毛織物 10ヤード	50時間	100時間
ワイン 1樽	80時間	100時間

右頁のコラムのように述べています。このリカードの議論を用いると、表1-2のような場合には、毛織物の生産において、イギリスはポルトガルに比べて $50 \div 100 = \frac{1}{2}$ 倍の労働時間でできます。ワインにおいては、$80 \div 100 = \frac{4}{5}$ 倍の時間でできます。この場合イギリスは、ポルトガルに比べて相対的により少ない労働時間で生産できる毛織物の生産に特化するのが望ましいことになります。

一方ポルトガルは、毛織物とワインの生産にはそれぞれイギリスに比べて、$100 \div 50 = 2$ 倍と $100 \div 80 = \frac{5}{4}$ 倍の労働時間が必要になりますから、労働時間が相対的に少ないワインに特化するのが望ましいことになります。そして、互いが特化して生産したものを交換することによって、両国とも豊かになります。

すなわち、ある国がいずれの財の生産についても他方の国より少ない労働時間で生産できる場合でも、それぞれが相対的に少ない労働時間で生産できる財に生産を特化して、貿易によって互いに財を交換することで、**貿易をしないときより豊か**になるというもので、これがリカードの**比較優位論**です。この比較優位論はアダム・スミスの絶対優位論に用いた表1-1のような場合にも適用できます。

なぜなら、表1-1の場合、イギリスは毛織物についてはポルトガルに比べて、$50 \div 100 = \frac{1}{2}$ 倍の労働時間で生産できる一方、ワインの生産では $200 \div 100 = 2$ 倍の労働時間を必要とするため、イギリスは毛織物の生産に比較優位をもつことになり、毛織物の生産に特化することが望ましいことになります。

同様にしてポルトガルでは毛織物、ワインの生産の労働時間はそれぞれイギリスに比べて、$100 \div 50 = 2$ 倍、$100 \div 200 = \frac{1}{2}$ 倍となるため、ワインの生産に特化することが望ましいことになります。

コラム　リカードの比較優位論

「かりに二人の人が共に靴と帽子を製造することができ，そして一方の人は両方の仕事において他方の人より優れているが，しかし帽子の製造においては，その競争者をしのぐことわずかに5分の1，つまり20パーセントにすぎず，靴の製造においては彼に勝ること3分の1，つまり，33パーセントであるとしよう。優越者がもっぱら靴の製造に従事し，劣等者が帽子の製造に従事することは，両者の利益ではないだろうか？」

(リカード著・羽島卓也・吉澤芳樹訳（1987）『経済学および課税の原理』（上）岩波書店)

♦キーポイント　リカード・モデルの生産技術

- それぞれの財は労働のみで生産される。
- それぞれの財の生産量は労働投入量に比例する（収穫一定）。
- それぞれの財について，2つの国の間で労働1単位で生産できる財の量は異なる。

この比較優位論にしたがってそれぞれの国が生産を特化させ，貿易をすることで，より豊かになることを数値例によって示してみましょう。絶対優位論の数値例で用いた数値と考え方をここでも使用しましょう。すなわち，いまどちらの国も所得の半分ずつをワインと毛織物に消費するものとします。

イギリス全体で利用できる総労働時間を8000時間，ポルトガルで利用できる総労働時間を10000時間とします。もし両方の財を自国でまかなうとすると，イギリスでは4000時間をそれぞれの財の生産に割りあてます。このとき表1-2によって，毛織物800ヤードとワイン50樽を生産して消費することになります。一方，ポルトガルでは5000時間をそれぞれの財の生産に割りあてますから，表1-2によって，毛織物500ヤードとワイン50樽を生産して消費することになります。

ここでイギリスは毛織物に生産を特化し，ポルトガルはワインに生産を特化すると，イギリスでは毛織物1600ヤード，ポルトガルではワイン100樽の生産が可能となります。そこでもしイギリスとポルトガルの間で650ヤードの毛織物と50樽のワインを交換（貿易）するならば，イギリスでは，950ヤードの毛織物と50樽のワインを手にすることができ，ポルトガルは650ヤードの毛織物と50樽のワインを手にすることができます。

両国とも貿易をしない自給自足のときに比べて，ワインの量を変えずに毛織物の量を増加させることができます。よって両国とも貿易によって豊かになることがわかります。

● リカードの比較優位論の意味

このリカードの比較優位論のもつ意味は重要です。生産技術の劣

リカードの比較優位論の意味　33

イギリス

自給自足の場合

総労働時間
8000
→ 4000 → 毛織物 800 ヤード
→ 4000 → ワイン 50 樽

ポルトガル

総労働時間
10000
→ 5000 → 毛織物 500 ヤード
→ 5000 → ワイン 50 樽

貿易の開始

イギリス
総労働時間
8000
→ 8000 → 毛織物 1600 ヤード

ポルトガル
総労働時間
10000
→ 10000 → ワイン 100 樽

貿易

毛織物 950 ヤード　ワイン 50 樽　　毛織物 650 ヤード　ワイン 50 樽

貿易による利益

貿易によって毛織物が 150 ヤード増える　⇔　貿易によって毛織物が 150 ヤード増える

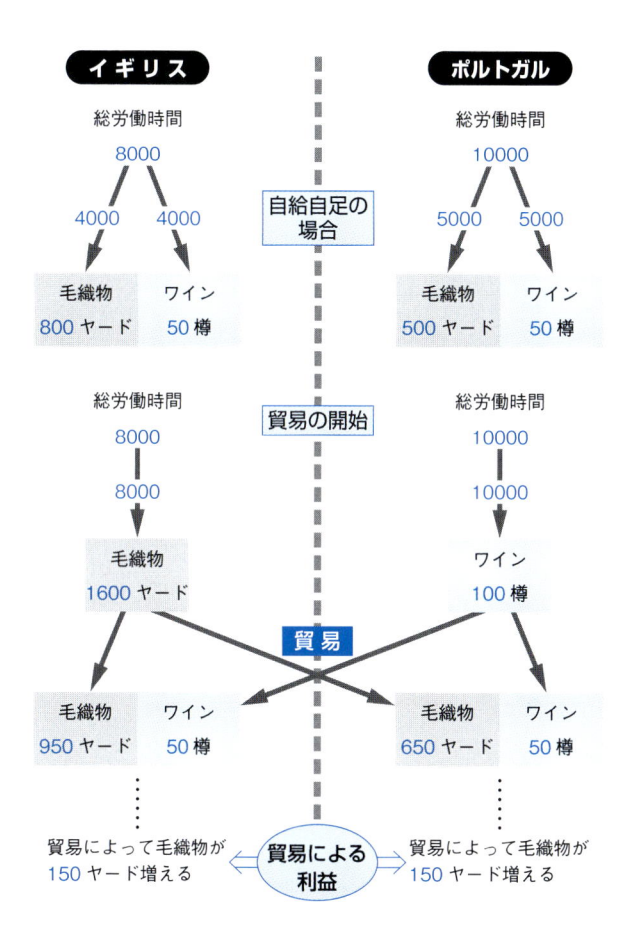

図1-4　リカードの比較優位論（表1-2の例）

っている国が優れている国と貿易をすると、輸出競争力がないため、貿易上不利となり経済的に損害をこうむるという議論がしばしばなされますが、リカードの比較優位論にしたがえば、あらゆる分野で生産技術が劣っている国でも、**相対的（比較的）な意味**で優位な技術をもつ財に生産を集中させてそれを輸出することで、貿易上の利益が得られることになります。したがって、どのような経済段階にある途上国でも、先進国との貿易で不利益をこうむることはないことになります。この考え方は多くの経済学者が**自由貿易を支持する論拠**となっています。

リカードの比較優位論はその後、ヘクシャーとオリーンによって、さらに発展しました。彼らは各国間で生産技術が同じでも、生産に使用する資本や労働などの生産要素の存在量に国家間で偏りがある場合、労働が相対的に多い国では労働を相対的に多く使う財をより多く生産し、資本を相対的に多くもつ国では資本を相対的に多く使う財をより多く生産し、それらを互いに交換（貿易）することで、両国とも利益を得ることを示しました。第2章ではこのヘクシャー＝オリーンの比較優位論を説明していくことにします。

■ 本章のまとめ

　生産技術が異なる2つの国の間で2つの財の貿易を行うことを考えます。2つの財はともに労働を用いて生産されるものとします。そして、各財の生産量の大きさは、その財の生産のために投入される労働投入量に比例するものとします。

　このような経済において、2つの財の間での財1単位を生産するために必要な労働投入量の比率を両国間で比べて、互いの国で相対的に労働投入量が小さいほうの財に比較優位をもって、その財に生産特化し、それを相手国に輸出することになります。

本章のまとめ

> **🔑 キーポイント** リカードの比較優位論
>
> $$\frac{A国におけるX財1単位の生産に必要な労働量}{B国におけるX財1単位の生産に必要な労働量} < \frac{A国におけるY財1単位の生産に必要な労働量}{B国におけるY財1単位の生産に必要な労働量}$$
>
> が成立するとき，A国はX財に比較優位をもち，B国はY財に比較優位をもつといい，A国はX財を輸出し，B国はY財を輸出する。
>
> (表1-2再掲)
>
> | | イギリス | ポルトガル |
> |---|---|---|
> | 毛織物 10ヤード | 50時間 | 100時間 |
> | ワイン 1樽 | 80時間 | 100時間 |
>
> 表1-2の場合A国をイギリス，B国をポルトガル，X財を毛織物，Y財をワインとすると
>
> $$\frac{50}{100}\left(=\frac{1}{2}\right) < \frac{80}{100}\left(=\frac{4}{5}\right)$$
>
> となるから，イギリスは毛織物に比較優位をもち，ポルトガルはワインに比較優位をもつ。よってイギリスは毛織物を輸出し，ポルトガルはワインを輸出する。

コラム ミルの相互需要説

> リカードの比較優位論は，両国が互いに生産において得意とするものを生産して，それらを互いに交換することで両国がよりよくなることを示しましたが，互いに生産したものをどのような交換比率で交換するのかについては明確にしませんでした。イギリスの古典派の経済学者，ジョン・スチュアート・ミル（1806-1873）はリカードの比較優位論を発展させて，実際に2つの国の間での財の交換がどのような比率で，交換されるのかについて議論をしました。財を交換する比率は，それぞれの国がワインと毛織物を所得の範囲内でどれだけ購入したいのかによって決まることを明らかにしました。これはミルの相互需要説といわれています。すなわち互いの国のワインと毛織物の需要の大きさが，ワインと毛織物の間での交換比率を決めることになります。そしてその決まった比率で，両国は財を互いに交換することによって，経済状態をよくすることができます。

コラム　リカードの比較優位論の一般的表現

　本章で例を用いて説明したリカードの比較優位論を，一般的な形で表してみます。

　2つの国をAとBとして，2つの財をXとYとします。またA国とB国の労働賦存量をそれぞれL^AとL^Bとします。そして，A国におけるX財とY財を1単位生産するのに必要な労働量を，それぞれl_X^Aとl_Y^Aとします。同様に，B国におけるX財とY財を1単位生産するのに必要な労働量を，それぞれl_X^Bとl_Y^Bとします。またいずれの国においても，各財は労働投入量に比例して生産量が得られるものとします。

　ここで，財1単位を生産するのに必要な労働投入量のことを**労働投入係数**といいます。

　このとき，

$$\frac{l_Y^A}{l_X^A} > \frac{l_Y^B}{l_X^B}$$

であれば，A国はX財の生産に比較優位をもち，その生産に特化してそれをB国に輸出することになり，逆にB国はY財に比較優位をもち，その生産に特化して，それを輸出することになります。

　このことは一般的に，両国の労働賦存量L^AとL^Bの大きさとは無関係に成立します。このように両国の生産技術の違いによって両国間の貿易を説明するのがリカードの比較優位論です。

　したがって，リカード・モデルでは，上の不等式が等式，

$$\frac{l_Y^A}{l_X^A} = \frac{l_Y^B}{l_X^B}$$

であるならば，両国間で生産技術の相対的な差がなく，よって貿易は生じないことになります。

第2章
ヘクシャー＝オリーンの比較優位論

ヘクシャー=オリーンの貿易モデル

リカードの比較優位論は，国によって生産技術が異なるとき，それぞれの国がどの財を生産して輸出するのかを明らかにするものでした。すなわち2つの国の間での貿易は，財1単位の生産に関して，それぞれの国が相対的に少ない労働量で生産できるほうの財に特化して，それを輸出するというものでした。したがって，リカード・モデルでは国家間で技術が同じ，すなわち，**各財について1単位の生産に必要な労働量が国家間で同じ**であれば，貿易による利益は発生しません。

それでは，**生産技術が国家間で同じ**でも貿易によって利益を得られるような場合はあるのでしょうか。この問題に対して，スウェーデンの2人の経済学者ヘクシャーとオリーン（p.6参照）は，生産技術が両国で同じでも貿易が生じ，それによって両国とも利益を得る場合があることを示しました。彼らの考えたモデルの基本的枠組みは以下のようなものです。

いま，2つの国と2つの財と2つの生産要素がある世界を考えます。たとえば，2つの国を日本とアメリカ，2つの財を農業品と工業品，2つの生産要素を資本（機械設備）と労働としましょう。

両国とも，それぞれの財を資本と労働を投入して生産し，生産された財を消費するものとします。貿易は生産された財については可能ですが，生産要素については国内の2つの生産部門の間での移動は可能ですが，国家間を移動することはできません。各国において，2つの生産要素は一定量が**賦存量**として与えられているものとします。したがって，各国はこれらの与えられた生産要素を農業品と工業品，それぞれの生産部門に振り分けてこれらの財を生産することになります。

ヘクシャー＝オリーンの貿易モデル

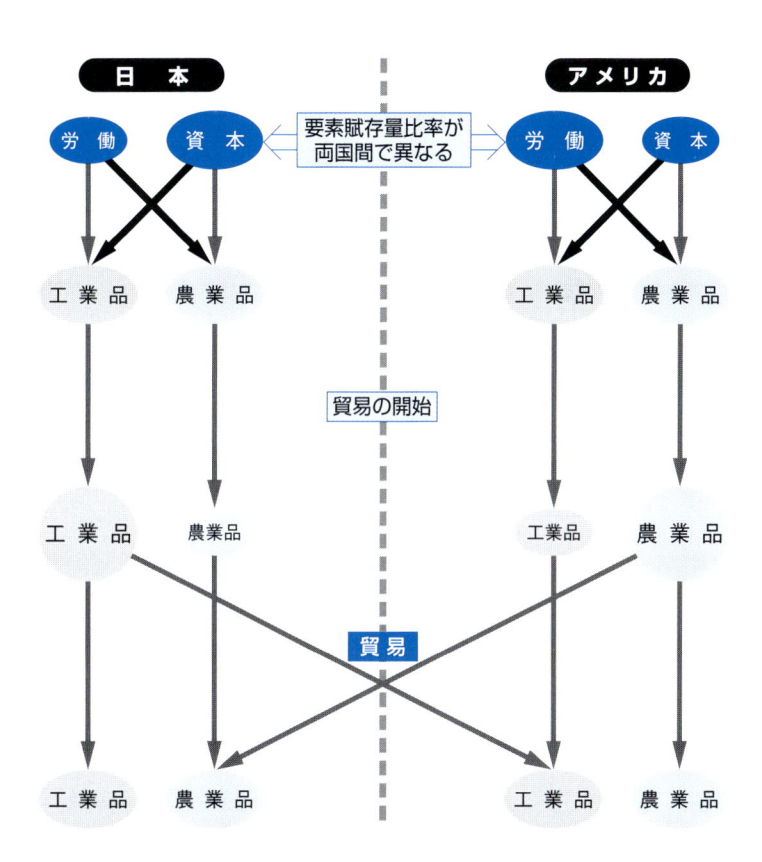

図2-1　ヘクシャー＝オリーンの貿易モデル（2国2財2要素）

各財の生産技術は両国で同じですが，与えられている生産要素の量に関しては2つの国の間で差があるものとします。以上のようなモデルをヘクシャー=オリーン・モデルといいます（図2-1）。

このような経済において，ヘクシャーとオリーンは相対的（比較的）に労働量が資本量に比べて多く与えられている国は労働を資本に比べて相対的に多く使う財をより多く生産して，相手国に輸出し，他方の財を輸入することを示しました。

リカードの比較優位論は生産技術における各国の比較優位によって貿易のパターンが決まりますが，ヘクシャー=オリーン・モデルでは要素賦存量の差による比較優位によって貿易のパターンが決まることになります。以下この定理について理解を深めるために少し詳しく説明をしていくことにしましょう。

両国の生産技術と要素賦存量

2つの国，日本とアメリカはともに資本と労働を使って，農業品と工業品を生産するものとします。各財の生産に必要な資本と労働の量は両国間で同じ，すなわち両国間で生産技術は同じとして，それは表2-1にまとめられています。ここに示されているように，1単位の農業品の生産には資本5と労働4が必要で，1単位の工業品の生産には資本5，労働2が必要です。

そこで資本と労働の組合せをみると，農産品の生産には，労働1に対して資本が$\frac{5}{4}$必要なのに対して，工業品の生産には，労働1に対して資本が$\frac{5}{2}$必要です。したがって，労働1に対する資本の割合は工業品のほうが大きいため，工業品は資本集約的な財であるといいます。逆に資本1に対する労働の投入量は農業品$\frac{4}{5}$，工業品$\frac{2}{5}$で

♦キーポイント　ヘクシャー=オリーン・モデルの生産技術

- それぞれの財は資本と労働を用いて生産される。

- それぞれの財において，資本と労働が比例的に増加するとその比率の大きさで生産量も増加する（収穫一定）。

- それぞれの財の生産技術は両国の間で同じである。

表2-1　各財1単位の生産に必要な資本と労働（両国で同じ）

	資　本	労　働
農業品	5	4
工業品	5	2

♦キーポイント　資本集約的な財・労働集約的な財

　表2-1のもとでは，工業品の生産には労働1に対して資本が$\frac{5}{2}$必要で，農業品の生産には労働1に対して資本が$\frac{5}{4}$必要である。

　よって工業品のほうが農業品より労働に対する資本の割合が大きいため，工業品は資本集約的な財であるという。

　逆に農業品は資本に対する労働の割合が大きいため，労働集約的な財であるという。

農業品のほうが大きいので、農業品は**労働集約的な財**といいます。

次に日本とアメリカの資本と労働の賦存量は**表2-2**のように与えられているものとします。すなわち日本では資本180、労働120が与えられており、アメリカでは資本200、労働150が与えられているものとします。両国における労働に対する資本の割合は、日本では$180 \div 120 = \frac{9}{6}$、アメリカでは$200 \div 150 = \frac{8}{6}$となり、日本のほうが大きいので、日本は相対的に**資本豊富国**、アメリカは相対的に**労働豊富国**ということができます。

両国の生産可能性フロンティア

Xを日本の農産品の生産量、Yを日本の工業品の生産量とすると、日本に与えられた資本量180の範囲内で生産できる農業品と工業品の数量の組合せ(X, Y)は$5X + 5Y \leq 180$、労働量120の範囲内で生産できる農業品と工業品の組合せ(X, Y)は$4X + 2Y \leq 120$となります。日本で生産可能な農業品と工業品の組合せ(X, Y)は、結局これら2つの不等式を満たさねばなりません。$5X + 5Y = 180$と$4X + 2Y = 120$の直線のグラフは**図2-2**のようになります。

そこで、日本で生産可能な農業品と工業品の組合せ(X, Y)はこれらの2つの直線の下方、**図2-2**の斜線部の領域になります。この斜線部の領域は日本で生産可能な2つの財の組合せの範囲を表していますから、日本の**生産可能性集合**といいます。生産可能性集合の上方の境界線全体、すなわち**図2-2**の折れ線*AJB*を**生産可能性フロンティア**といいます。

生産可能性集合の内側では、資本と労働はその一部分しか使われていません。生産可能性フロンティアに関しては、資本の制約を表す$5X + 5Y = 180$の直線上では資本は全部使われています。同様に労

表2-2 各国の要素賦存量

	資 本	労 働
日　　本	180	120
アメリカ	200	150

♦キーポイント　資本豊富国・労働豊富国

表2-2のもとでは，日本は労働1単位あたりの資本量が$180 \div 120 = \frac{9}{6}$であるのに対して，アメリカは労働1単位あたりの資本量が$200 \div 150 = \frac{8}{6}$である。

よって日本はアメリカに比べて相対的に資本豊富国といい，逆にアメリカは相対的に労働豊富国であるという。

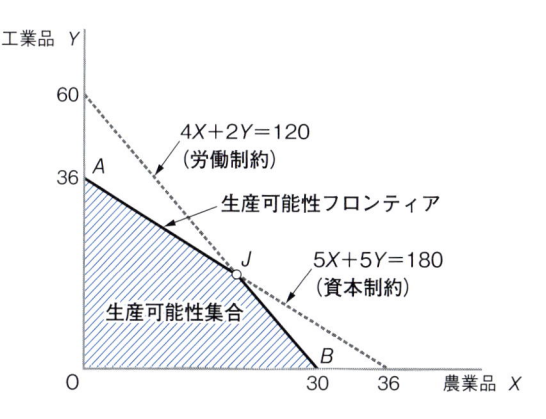

図2-2　日本の生産可能性フロンティア（AJB）

働の制約を表す $4X+2Y=120$ の直線上では労働は全部使われています。したがって資本と労働の両方とも全部使ったときの両財の生産の組合せの点は図2-2の点Jということになります。

同じようにして、アメリカの生産可能性集合は資本制約を表す $5X+5Y=200$ の直線と労働制約を表す $4X+2Y=150$ の直線で囲まれた下方の部分、すなわち図2-3の斜線部ということになります。そして生産可能性フロンティア上の点Uがアメリカに存在する資本と労働のすべてを使用して生産される農業品と工業品の組合せの点です。

ヘクシャー=オリーンの定理

日本とアメリカの生産可能性フロンティアを同じ平面状に描くと図2-4のようになります。資本と労働のすべてを使って2つの財を生産する生産点は、日本の場合点Jで、アメリカの場合点Uです。この2つの点を比較すると、アメリカに比べて日本のほうが、農業品に対する工業品の生産量の割合が大きいことが見てとれます（これは、図2-4において、直線OJの傾き J^* のほうが直線OUの傾き U^* より大きいことからわかります）。すなわち、労働が相対的に豊富なアメリカに比べて資本が相対的に豊富な日本は、労働集約的な農業品に比較して、資本集約的な工業品をより多く生産します。逆に、労働が相対的に豊富なアメリカは労働集約的な農業品をより多く生産します。

もし、日本の消費者とアメリカの消費者が農業品と工業品の消費の割合を同じ程度に望んでいるとすると、日本は工業品をより多く生産しているため工業品をアメリカに輸出し、アメリカは農業品をより多く生産しているため、農業品を日本に輸出することになります。

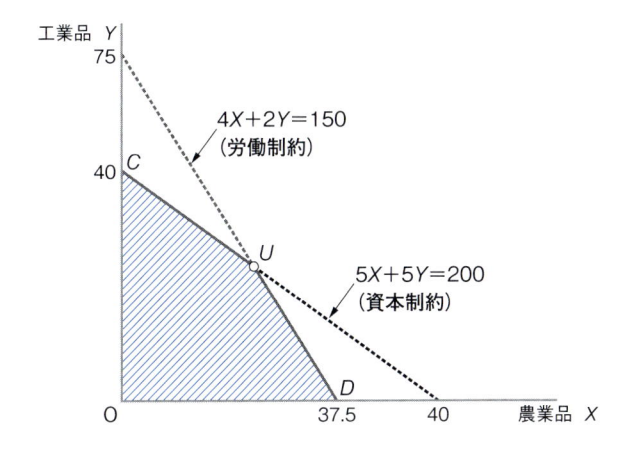

図2-3 アメリカの生産可能性フロンティア（CUD）

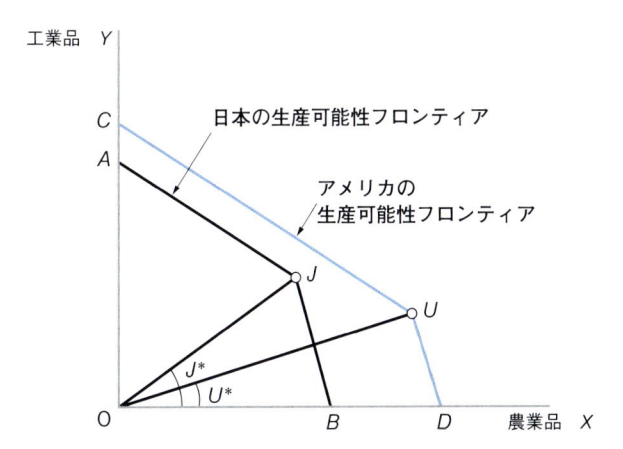

図2-4 両国の生産可能性フロンティアの比較

以上の議論をまとめると、2つの生産要素を用いて2つの財を生産する2つの国の間では、生産技術が同じであっても、2つの要素の賦存量の比率が異なるなら貿易が生じます。そして、資本が相対的に豊富な国は資本集約的な財を輸出し、労働が相対的に豊富な国は労働集約的な財を輸出することになります。これがヘクシャーとオリーンによって示された内容です。そこで、これを**ヘクシャー=オリーンの定理**といいます。

🔵 ヘクシャー=オリーン・モデルにおける貿易の利益

リカードの比較優位のモデルでは、貿易によって両国とも利益を得ることはすでに示しました。では、ヘクシャー=オリーン・モデルにおいてはどうでしょうか。日本の場合についてみていくことにしましょう。

図2-5に日本の生産可能性フロンティアが描かれています。貿易をしないときには、日本の消費者は国内で生産したものをそのまま消費しますから、生産点である点Jがそのまま消費点になります。このときに消費者が受ける効用（満足度）の大きさは、点Jを通る無差別曲線の水準W_A^Jに対応します。

貿易を行うと、点Jで生産した工業品と農業品をそれぞれの世界の価格、P_M^WとP_A^Wで販売して、それによって得た所得をもとに工業品と農業品を世界の市場で購入することになります。点Jにおける工業品と農業品の生産量をそれぞれ、M_JとA_Jとすると、これらを販売して得られる所得I_Jは、$I_J = P_M^W M_J + P_A^W A_J$となります。これをもとに世界の市場から購入できる工業品と農業品の量をそれぞれ、C_M^JとC_A^Jとすると、これらの購入できる組合せは所得制約式、$P_M^W C_M^J + P_A^W C_A^J = I_J$を満たさなくてはなりません。$C_M^J$と$C_A^J$に関するこの所

♦キーポイント　ヘクシャー=オリーンの定理

2国間で生産技術が同じでも，要素賦存量の比率に差があると貿易が生じる。そして，労働に対する資本の賦存量の比率が高いほうの国は，資本集約的な財を輸出し，資本に対する労働の賦存量の比率が高いほうの国は，労働集約的な財を輸出する。

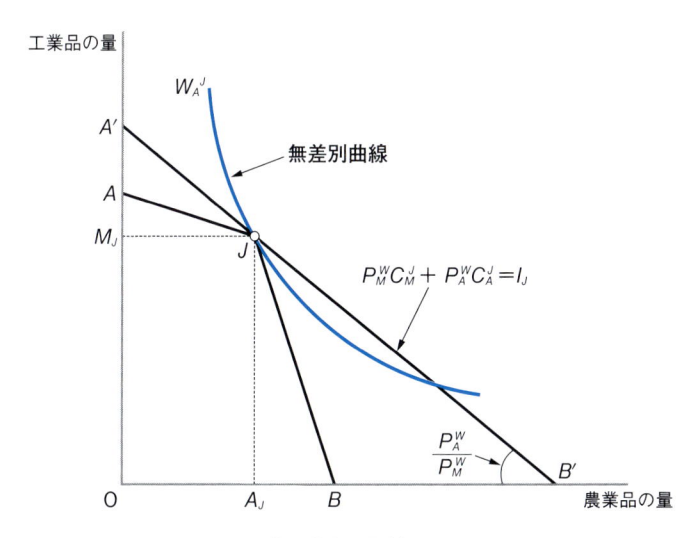

図2-5　日本の生産可能性フロンティア

曲線 W_A^J は，点 J と同一の効用（満足度）を得られるさまざまな組合せの点から成っており，このような曲線のことを，無差別曲線と呼びます。

得制約式のグラフは，点Jを通る直線$A'B'$として図2-5に示されています。

貿易を行う場合，消費点はこの直線$A'B'$上でもっとも望ましい点，すなわちもっとも効用水準の高くなる点を選ぶことになります。図2-6ではこのような点は，無差別曲線と所得制約式の直線$A'B'$との接点である点Kで表されます。すなわち貿易を行うことによって，消費点は点Kとなり，そのときの効用水準は点Kを通る無差別曲線の水準W_T^Jに対応します。明らかに貿易をしないときより，貿易をしたときの無差別曲線のほうが上方にあるため，消費者は貿易をしたときのほうが高い効用を得ることになります。したがって，貿易によって日本の消費者は利益を得られます。

日本の貿易は，図2-6において工業品をJLだけ輸出して，その収入で農業品をLKだけ輸入することになります。そこで，この図の三角形JLKを**貿易三角形**といいます。輸出額と輸入額が等しくなることは次のようにしてわかります。点Kに対応する工業品と農業品の大きさをC_M^{JK}とC_A^{JK}とします。

生産点Jと消費点Kは，ともに所得制約線$A'B'$上にあるため，$P_M^W C_M^{JK} + P_A^W C_A^{JK} = I_J = P_M^W M_J + P_A^W A_J$が成立します。これより，$P_A^W(C_A^{JK} - A_J) = P_M^W(M_J - C_M^{JK})$が得られます。図2-6にみるように，$C_A^{JK} - A_J$は農業品の輸入量$LK$を表し，$M_J - C_M^{JK}$は工業品の輸出量$JL$を表していますから，$P_A^W(C_A^{JK} - A_J) = P_M^W(M_J - C_M^{JK})$は農業品の輸入額＝工業品の輸出額を意味します。

アメリカについても同様です。図2-7にアメリカの生産可能性フロンティアと生産点Uと，世界価格P_M^WとP_A^Wのもとでの貿易をする場合の所得制約線$C'D'$と，貿易をしたときの消費点S，そして貿易をしないときと貿易をしたときの無差別曲線がそれぞれW_T^UとW_A^U

ヘクシャー=オリーン・モデルにおける貿易の利益　　49

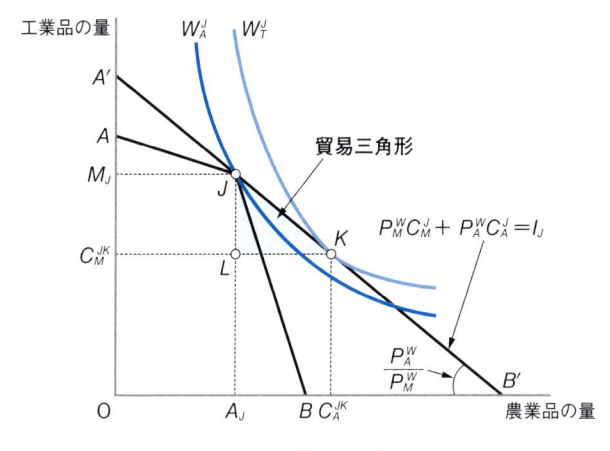

図2-6　日本の貿易利益

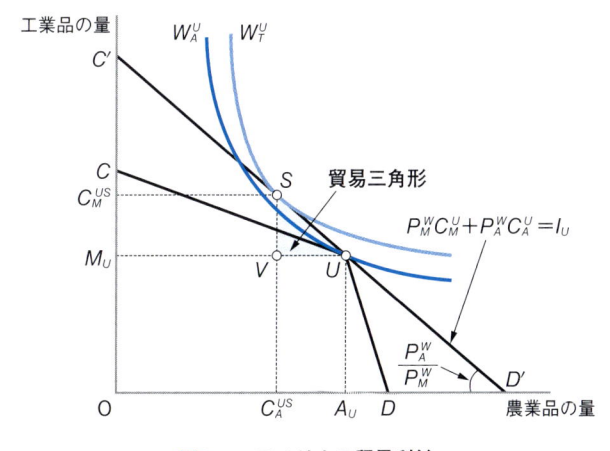

図2-7　アメリカの貿易利益

で示されています。

アメリカもまた貿易によって消費者の効用は高くなり，利益を得ることができます。アメリカの貿易三角形は三角形 UVS で表されます。

日本とアメリカの間で過不足なく貿易が行われるためには日本の貿易三角形 JLK とアメリカの貿易三角形 UVS が同じでなくてはなりません。実際はこれら両国の貿易三角形を等しくするような所得制約線を両国で定めるために，2つの財の世界価格 P_M^W と P_A^W が調整され，両国の貿易三角形は等しくなります。このような世界価格のもとで過不足のない貿易が実現されます。

リカード・モデルやヘクシャー゠オリーン・モデルは非常に単純化された基本的な貿易モデルで，それによって展開される比較優位論は，私たちの素朴な感覚のもとで納得できるものです。しかし，これらの理論が現代の複雑な世界経済システムの中で，普遍的に妥当するかどうかについては，さまざまな検討がなされてきました（右頁コラム参照）。現実の経済はここで紹介したモデルに比べてはるかに複雑です。また，時代とともに経済システムも変化していきます。

このようなモデルが現代の経済を普遍的に説明できないとすれば，これらのモデルを参考としながら，現代の貿易をよりよく説明できるモデルを新たに作り上げていくことが経済学者の重要な役割といえます。

コラム　レオンティエフ・パラドックス

　ヘクシャー=オリーンの定理によれば，資本が相対的に豊富な国は資本を相対的に多く使用する財を輸出することになります。はたして現実の貿易はこのようなパターンになっているのでしょうか。

　これについてはロシア生まれのアメリカの経済学者ワシリー・レオンティエフ（1906-1999）による，アメリカの経済を対象にした研究があります。

　レオンティエフが自らが開発した産業連関表を用いて，1947年のアメリカの産業連関表における貿易のパターンを調べたところ，アメリカの輸出の生産に投入された労働に対する資本の割合は，輸入に含まれている労働に対する資本の割合より低いということがわかりました。すなわち，アメリカの輸出は資本に集約的でないという結果を得たのです。アメリカは当時，他国に比べて，労働に対する資本の量が多いと考えられていたので，この結果はヘクシャー=オリーンの定理に矛盾するものとなります。そこでこの結果はレオンティエフ・パラドックス（レオンティエフの逆説）といわれるようになりました。

　このような結果によって，ヘクシャー=オリーン・モデルの現実への適応性に疑問が出されましたが，他方において，そもそもアメリカとその他の国々の間では生産技術に違いがあることや，労働者の質にも違いがあり，このような差を認めないヘクシャー=オリーン・モデルから導かれる定理と現実の結果が一致しないのはこれらの理由によるものであるという議論もなされました。

　その後も，ヘクシャー=オリーン・モデルに合うようにデータの修正や計算方法を改善して，現実の貿易のパターンを検証した研究が多く現れましたが，ヘクシャー=オリーンの定理と整合的な結果を得たものは少ないようです。

■ 本章のまとめ

　リカードは2国2財1要素のもとで，2つの国の間で生産技術に違いがある場合，どの国がどの財の生産に優位をもって，輸出を行うのかを明らかにしました。それに対して，ヘクシャーとオリーンは2国2財2要素モデルを用いて，2つの国の間で生産技術が同じでも，2つの要素の賦存量の比率が2つの国の間で異なると貿易が生じることを示しました。そして，各国が相対的に豊富な要素をより多く必要とする財に比較優位をもち，その財を輸出することを示しました。この比較優位の理論はそれを示した2人の経済学者の名前をとってヘクシャー=オリーンの定理として知られています。

　この場合も，リカードの場合と同じように，貿易によって，両国とも貿易をしないときより，経済が豊かになります。

第3章
現代の国際貿易論

収穫逓増的な技術

第1章と第2章では、それぞれリカードの比較優位論とヘクシャー゠オリーンの比較優位論について説明しました。

リカードの比較優位論では、国家間の相対的な生産技術の差が貿易を引き起こすことが示され、ヘクシャー゠オリーンの比較優位論では国家間で生産技術が同じでも、相対的な要素の賦存状態に差があればそのことによって貿易が生じることが示されました。リカードの比較優位論は生産技術に差のある先進国と途上国の間での貿易を説明するのに適しています。

またヘクシャー゠オリーンの比較優位論は生産技術に差のない、たとえば先進国間でも労働や土地を豊富にもつアメリカとそれらが比較的少ない日本の間のように、要素賦存量の大きさに違いのある国同士の貿易を説明するのに適しています。

それでは、生産技術も同じで要素の賦存状態も同じ国、つまり非常に似通った国同士では貿易は生じないのでしょうか。実際にはドイツやイギリス、フランスなど生産技術や国の大きさが似通っている国の間での貿易は、近年ますます盛んになってきています（表3-1）。本章では似通った国同士の間でも貿易が生じることを示し、それがどのような要因によるのかを説明していくことにします。

リカード・モデルやヘクシャー゠オリーン・モデルでの生産技術は、生産要素の投入量を2倍、3倍としていくと、それに比例して生産量も2倍、3倍となっていく技術でした。このような技術を収穫一定の生産技術といいます。たとえば、生産要素として労働のみを用いて、ワインを生産するものとしましょう。生産技術は収穫一定で、1人の労働で1樽のワインが生産できるものとすると、労働投入量と生産量の関係は図3-1のように原点を通る傾き1の直線、

表3-1 ヨーロッパ各国の商品分類別輸出入額 (2007年)

(単位:100万米ドル)

	ドイツ		フランス	
	輸　　出	輸　　入	輸　　出	輸　　入
総　　額	1,328,841	1,059,308	539,731	611,364
食料品及び動物 (食用)	46,023	55,305	41,094	38,893
飲料及びたばこ	9,089	7,468	15,640	5,688
非食品原材料	23,948	38,275	12,297	14,898
鉱物性燃料	30,311	111,706	20,741	81,817
動植物性油脂	—	—	—	—
化学製品	183,977	125,624	87,850	80,779
工業製品	188,007	152,822	76,548	91,287
機械類, 輸送用機器	629,551	355,420	214,875	213,823
雑製品	126,077	108,625	56,638	81,505
その他	90,021	100,087	12,812	—

	イギリス		イタリア	
	輸　　出	輸　　入	輸　　出	輸　　入
総　　額	439,973	624,613	492,058	504,582
食料品及び動物 (食用)	14,610	43,932	22,127	32,192
飲料及びたばこ	8,794	8,765	6,669	4,651
非食品原材料	9,746	18,313	5,354	21,294
鉱物性燃料	46,003	58,999	18,817	60,427
動植物性油脂	—	—	1,982	3,175
化学製品	71,963	67,640	49,675	63,373
工業製品	58,209	81,610	102,966	88,533
機械類, 輸送用機器	151,360	218,627	186,138	143,053
雑製品	53,462	97,639	85,024	50,999
その他	25,191	27,199	13,309	36,885

(出所) 総務省統計局 (2009)「世界の統計　2009年版」

すなわち正比例のグラフで表されます。労働投入量をl, 生産量をxとしてこのグラフを式で表せば, $x=l$となります。労働投入量lからどれだけの生産量xが得られるかを表す, このような式を**生産関数**といいます。**表3-2**に, この生産関数のもとでの労働投入量lと生産量xと労働1単位あたりの生産量$\frac{x}{l}$の関係が表されています。この表でわかるように収穫一定の技術のもとでは生産量の大きさとは関係なく, 労働1単位あたり生産量は一定です。

現代では, 大量生産のメリットがあるような産業も多くみられます。そのような産業では労働投入に比例して生産量も増えるというよりは, それ以上に生産量が増えていきます。労働投入量を大きくすればするほど労働1単位あたりの生産量が増えていくような生産技術を**収穫逓増的な生産技術**といいます。

収穫逓増的な技術を表す一つの例として, 生産関数$x=l^2$を考えましょう。この生産関数のグラフが**図3-2**に示されています。このように収穫逓増的な場合の生産関数のグラフは生産規模が大きくなると, すなわち労働投入量が増加するにつれてグラフの傾きが急になっていきます。この場合における, **表3-2**と同様の表が**表3-3**として示してあります。生産量, すなわち労働投入量が大きくなると労働1単位あたりの生産量が大きくなっていくことがわかります。

このように生産が収穫逓増的な性質をもつ場合, 生産に**規模の経済**があるともいいます。

● 規模の経済（1）──マーシャルの外部経済

マーシャルの外部経済とは

産業全体において規模の経済がある場合, その源泉として2つの

規模の経済(1)——マーシャルの外部経済

表3-2 収穫一定の生産技術

労働投入量 l	1	2	3	4	5
生産量 x	1	2	3	4	5
平均生産量 $\frac{x}{l}$	1	1	1	1	1

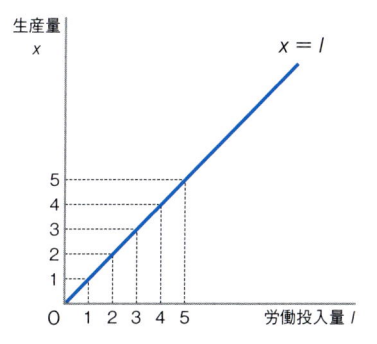

図3-1 収穫一定の生産技術のグラフ

表3-3 収穫逓増的な生産技術

労働投入量 l	1	2	3	4	5
生産量 x	1	4	9	16	25
平均生産量 $\frac{x}{l}$	1	2	3	4	5

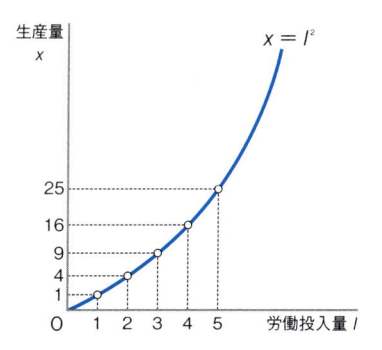

図3-2 収穫逓増的な生産技術のグラフ

> **♪キーポイント　収穫一定・収穫逓増的な生産技術**
>
> ● 収穫一定の生産技術……労働投入量の大きさに関係なく1人あたりの生産量は一定である。
>
> ● 収穫逓増的な生産技術……労働投入量が大きいほど1人あたりの生産量は大きくなる。

要因が考えられます。一つは個々の企業の生産技術は収穫一定であるけれども、産業全体の生産量が大きくなると、この**産業規模の拡大による効果**が個々の企業の生産性にプラスの効果をもたらすというものです。このような規模の経済に注目をしてその効果について論じたのが20世紀初頭のイギリスの経済学者アルフレッド・マーシャル（1842-1924）です。そのため、このような規模の経済を**マーシャルの外部経済**といいます。もう一つの源泉としては、**個々の企業自体の技術が収穫逓増的**であるというものです。このことによって、産業全体に規模の経済が生じます。

はじめにマーシャルの外部経済が存在する場合について説明します。パソコンを生産する産業を考えましょう。この産業の個々の企業はリカードやヘクシャー＝オリーンの場合と同じように収穫一定の技術を用いて生産するとします。しかし、この産業全体の生産規模が大きくなると、この産業のための環境が整えられたり、企業間でのさまざまな情報交換の量が増えたりします。各企業はその恩恵を受けることで、産業規模が大きくなるにしたがって、生産要素1単位あたりの生産量も多くなります（図3-4）。

いま、このパソコン産業は労働のみを用いてパソコンを生産するものとしましょう。簡単化のために各企業は収穫一定の技術のもとで、1単位の労働によって1台のパソコンを生産するものとします。この産業にはこのような企業が10社あるとします。第 i 企業の労働投入量を l_i、生産量を x_i とすると、第 i 企業の生産関数は

$$x_i = l_i, \quad \text{ただし、} \quad i = 1, 2, \ldots, 10 \tag{3.1}$$

と表されます。このとき、産業全体の生産量 X はマーシャルの外部経済がなく、リカードの場合と同じように考えると、

規模の経済(1)──マーシャルの外部経済　　　59

```
規模の経済 ─┬─ マーシャルの外部経済がある場合
           └─ 個々の企業自体の技術が収穫逓増的な場合
```

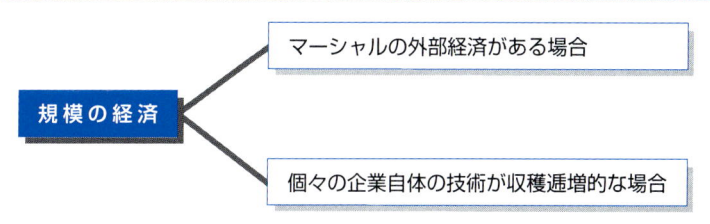

図3-3　産業全体において規模の経済がある際の2つの場合

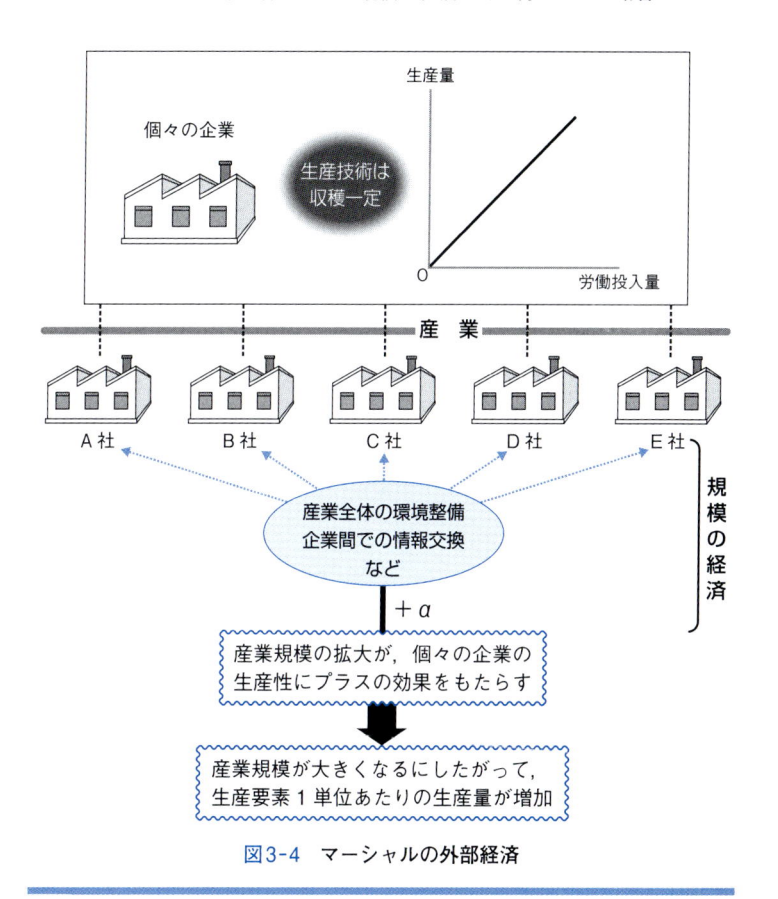

図3-4　マーシャルの外部経済

- 個々の企業：生産技術は収穫一定（生産量／労働投入量）
- 産業：A社／B社／C社／D社／E社
- 産業全体の環境整備、企業間での情報交換　など　＋α
- 産業規模の拡大が，個々の企業の生産性にプラスの効果をもたらす
- 産業規模が大きくなるにしたがって，生産要素1単位あたりの生産量が増加
- 規模の経済

$$X = x_1 + x_2 + \cdots\cdots x_{10} = l_1 + l_2 + \cdots\cdots + l_{10} = L_X$$

ですから，産業全体における労働投入量 L_X から産業全体の生産量 X が

$$X = L_X \tag{3.2}$$

として決まります。よって，$X = L_X$ は産業全体の生産関数と考えられます。これがリカードの場合の収穫一定の生産です。(3.2) のグラフは，X を x，L_X を l とすれば，図3-5のように図3-1と同じ直線で表されます。

次に，この産業にはマーシャルの外部経済が存在するとしましょう。産業全体の生産規模は産業全体の生産量 X で表されます。この生産量 X の大きさによって各企業の生産量も影響を受けます（図3-6）。たとえば，各企業は (3.1) で表される収穫一定の技術 $\tilde{x}_i = l_i$ を用いますが，その最終的な生産量 x_i は産業全体の生産量 X の影響 $\sqrt{X}$ を受けて，$x_i = \sqrt{X}\tilde{x}_i$ となるものとしましょう。この場合，この産業に属する企業の生産関数は $x_i = \sqrt{X}\tilde{x}_i$ と $\tilde{x}_i = l_i$ によって，

$$x_i = \sqrt{X} l_i, \quad \text{ただし，} \ i = 1, 2, \cdots\cdots, 10 \tag{3.3}$$

となります。産業全体の生産量 X は

$$X = x_1 + \cdots\cdots + x_{10} = \sqrt{X} l_1 + \cdots\cdots + \sqrt{X} l_{10} = \sqrt{X}(l_1 + \cdots\cdots + l_{10}) = \sqrt{X} L_X \tag{3.4}$$

となります。すなわち $X = \sqrt{X} L_X$ ですから，この両辺を2乗すると，$X^2 = X L_X^2$ となり，さらにこの両辺を X で割ることによって，産業全体の生産関数が

規模の経済(1)——マーシャルの外部経済　　　　　　61

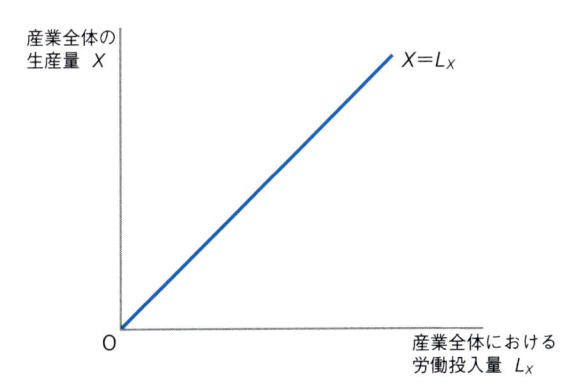

図3-5　産業全体の生産関数（マーシャルの外部経済がない場合）

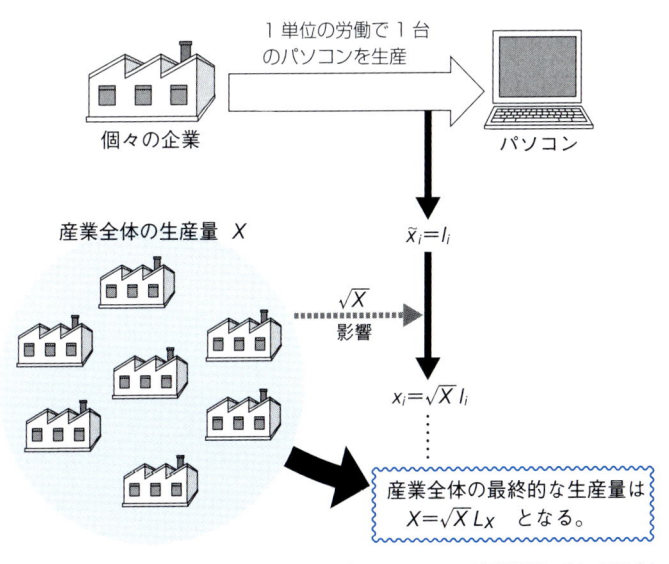

図3-6　産業全体の最終的な生産関数（マーシャルの外部経済がある場合）

（図中）
- 産業全体の生産量 X
- 産業全体における労働投入量 L_X
- $X = L_X$
- 1単位の労働で1台のパソコンを生産
- 個々の企業
- パソコン
- $\tilde{x}_i = l_i$
- $\sqrt{X}$ 影響
- $x_i = \sqrt{X}\, l_i$
- 産業全体の最終的な生産量は $X = \sqrt{X}\, L_X$ となる。

$$X = L_X^2 \tag{3.5}$$

として表されることになります。先ほどと同様に、Xをx、L_Xをlとすれば、産業全体の生産関数 (3.5) のグラフは図3-7で表されます。

マーシャルの外部経済が存在する産業では、各企業は収穫一定の生産技術のもとで利潤最大化行動を考えます。産業全体の生産量が各企業の生産に与える影響はあくまでも企業にとって外部から与えられたものと考え、パソコンの産業には産業規模の効果がなければ1単位の労働で1台のパソコンを生産できるような非常に多くの企業があるとします。

このとき、この企業の生産規模は産業全体からみればきわめて小さいため、この企業の生産量の増減が産業全体の生産規模に影響を与える大きさはほとんど無視できます（図3-8）。よって企業も利潤が最大となるように生産規模を決めるにあたり、それが産業全体の生産量に与える影響を考慮せずに生産量を決めることになります。

このパソコンの産業にはこのような多くの企業が競争をして生産を行っているものとします。すなわちこの産業は**完全競争企業**によって生産が行われているものと考えます。そこで、各企業は互いに激しい競争にさらされる結果、利潤はゼロとなります。

すなわちこの産業の第i企業では、企業の利潤をπ_iとすると、

$$\pi_i = p_X x_i - w l_i = p_X \sqrt{X}\, l_i - w l_i = (p_X \sqrt{X} - w) l_i = 0$$

となります。ただし、p_Xはパソコン1台の価格で、wは労働賃金とします。上の式から、結局、各企業について

$$p_X \sqrt{X} = w \tag{3.6}$$

規模の経済(1)──マーシャルの外部経済　　　　63

$X = L_X^2$

産業全体の生産量 X

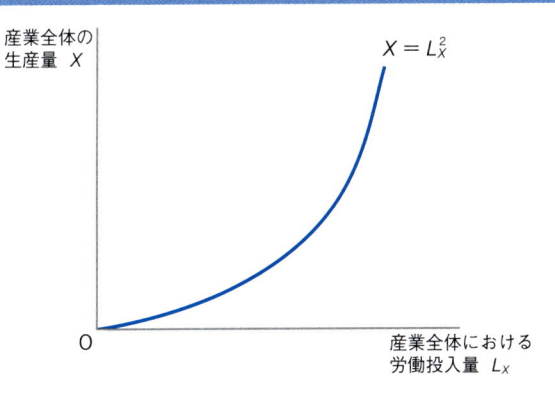

産業全体における労働投入量 L_X

図3-7　最終的な産業全体の生産関数

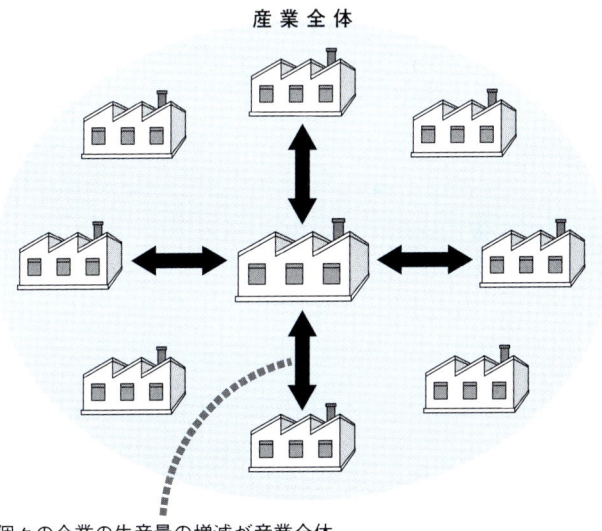

産 業 全 体

個々の企業の生産量の増減が産業全体
の生産に与える影響はきわめて小さい。

図3-8　完全競争企業による生産

が成立します。すなわち，産業全体の生産量Xが大きいほど，企業が労働者に支払える賃金wも高くなります。

生産可能性フロンティア

マーシャルの外部経済が存在する産業を考え，そのもとでの国際貿易についてみていくことにしましょう。

2つの国，たとえばドイツとフランスを考えます。それぞれの国には第2章のリカードの比較優位論で用いた収穫一定の技術にしたがい，マーシャルの外部性のないワイン産業と，前項で説明したマーシャルの外部経済のあるパソコン産業があるとします。

それぞれの生産は労働を用いて行われ，生産技術や外部性の影響，さらには労働賦存量もドイツとフランスの間で完全に同じとします。たとえば，ドイツの国内の経済について以下のように考えることにします。パソコンの産業全体の生産関数Xは（3.5）で表されるものとします。これに対してワイン産業全体の生産関数は

$$Y = L_Y \tag{3.7}$$

で表されるものとします。ここでYとL_Yはそれぞれ，ワイン産業全体の生産量と労働投入量です。ドイツの労働賦存量をLとすると，Lはワイン産業とパソコン産業それぞれの生産に使用されるため，

$$L = L_X + L_Y \tag{3.8}$$

となります。(3.8)に(3.5)および(3.7)を代入すると，$L = \sqrt{X} + Y$，すなわち，

$$Y = -\sqrt{X} + L \tag{3.9}$$

となり，ドイツ国内の労働を使用して，ワインとパソコンの生産の

規模の経済(1)——マーシャルの外部経済　　　　65

> **↑キーポイント　マーシャルの外部経済**
>
> 　個々の企業の生産は収穫一定であっても，企業が多数集積することによって産業全体の生産規模が大きくなると，それが企業の生産性を高め，それによって産業全体の生産が収穫逓増的になる場合，産業にマーシャルの外部経済が存在するという。
> 　マーシャルの外部経済のもとでは，多くの企業による完全競争が可能である。

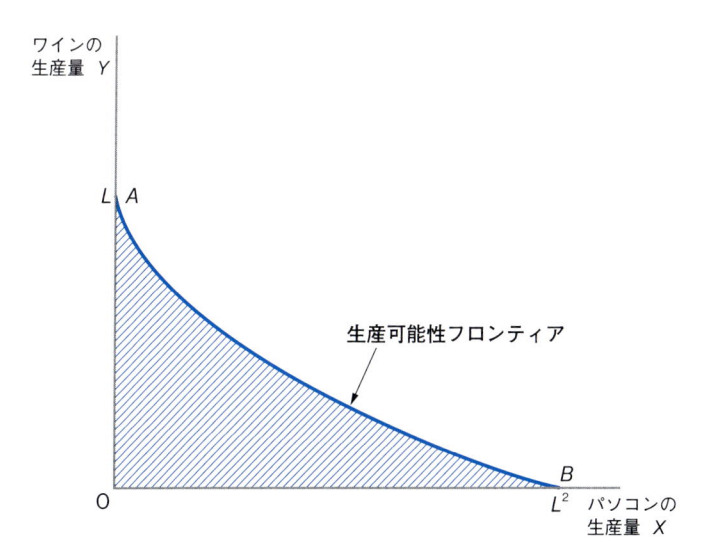

図3-9　パソコン産業が収穫逓増的な場合の生産可能性フロンティア

(縦軸: ワインの生産量 Y、横軸: パソコンの生産量 X、点 A は L、点 B は L^2、生産可能性フロンティア)

可能な組合せを表す曲線が前頁の図3-9の曲線ABとして表されます。この曲線がドイツの生産可能性フロンティアで，内側の斜線部の領域はドイツにおけるワインとパソコンの生産の可能な組合せを表します。すなわち，フロンティアは可能な組合せの上方の境界線を表しています。(3.9) で表される生産可能性フロンティアは図3-9のように原点方向にへこんだ曲線ABになります。このことについて説明しましょう。そのためにパソコン産業においても外部経済の存在しない収穫一定の生産関数を考えましょう。それを

$$\tilde{X} = L_X \tag{3.10}$$

としましょう。ここで$\tilde{X}$は外部経済のない場合のパソコン産業における産業全体の生産量です。この場合の生産可能性フロンティアは (3.8) に (3.10) と (3.7) を代入して，$L = \tilde{X} + Y$，すなわち，

$$Y = -\tilde{X} + L$$

となり，よって，この場合の生産可能性フロンティアのグラフは図3-10の直線ACで表されます。この場合ワイン産業から労働1単位をパソコン産業に移していくと，ワインの生産が1樽減少して，パソコンの生産が1台増えていくことになります。よって生産の組合せは直線AC上を右下がりの方向に移動していくことになります。一般的にリカードの比較優位論における生産可能性フロンティアはこのような直線になります。

　一方，パソコンの産業にマーシャルの外部経済が存在する場合には，ワイン産業から労働1単位をパソコン産業に移すと，ワインの生産は1樽減少し，パソコンの生産は$\sqrt{X}$倍だけ増加します。なぜなら，(3.3) の$X = \sqrt{X} L_X$の右辺で，L_Xが1単位増えると左辺のXは

規模の経済(1)――マーシャルの外部経済　　　　67

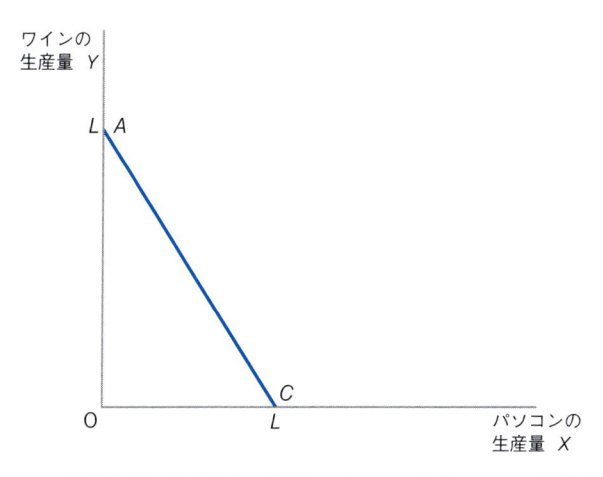

図3-10　外部経済の存在しない場合のパソコン産業における産業全体の生産可能性フロンティア（リカードの比較優位論における生産可能性フロンティア）

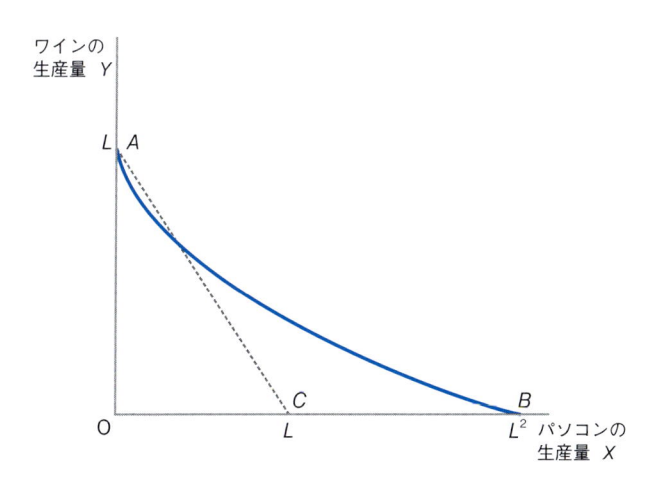

図3-11　2つの場合の比較（Xが1より大きいとき）

$\sqrt{X}$ 倍だけ増えることからわかります。

よってワインを1樽減らすことによるパソコンの増加量はパソコンの産業全体の生産水準Xが大きいほど大きくなっていきます。とくにXが1より大きいと$\sqrt{X}$は1より大きくなり，前頁の図3-11に示されるように，生産可能性フロンティアABは直線ACより右側になりワイン産業から労働がパソコン産業に移動すればするほどパソコン産業の規模が大きくなるためXの増加の程度は大きくなることから，曲線ABと直線ACとの乖離は大きくなっていきます。

このようにして，パソコン産業にマーシャルの外部性のある場合の生産可能性フロンティアは原点方向に湾曲した曲線になります。

マーシャルの外部経済と国際貿易

以上はドイツの生産可能性フロンティアを考えましたが，フランスもまたドイツと同じ生産技術をもち，労働賦存量も同じであれば，まったく同じ生産可能性フロンティアになります。

パソコン産業にマーシャルの外部経済がないリカードの比較優位論では，生産技術がまったく同じドイツとフランスの間では貿易が生じないことをみていきましょう。そのためにそれぞれの国の労働賦存量を100としましょう。この場合両国の生産可能性フロンティアは図3-12の直線ACとなり，点Aと点Cは100となります。

いま，両国ともワインを60樽，あとはパソコンを消費したいと思っているとします。貿易をしなければ，そのような要求を満たす生産点はドイツ，フランスともに図3-12の点Dになります。すなわち両国ともそれぞれワイン60樽とパソコン40台を生産して消費することになります。

ここでフランスがワインに特化して100樽を生産し，ドイツはワイン20樽とパソコン80台を生産して貿易をするとします。両国と

規模の経済(1)――マーシャルの外部経済　　　69

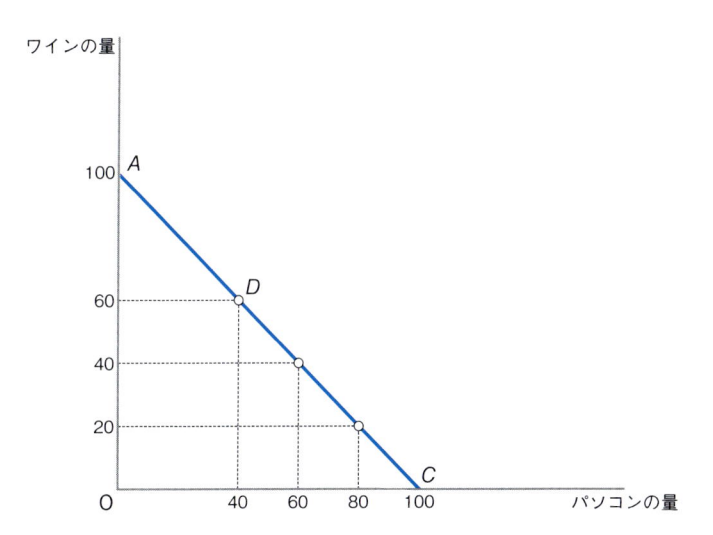

図3-12　ワインとパソコンの両方が収穫一定の場合の貿易の可能性

もワイン60樽を消費しますからフランスは40樽のワインをドイツに渡してドイツのパソコンと交換しようとしますが，ドイツはそれに対してパソコン40台以下でしか交換しません。それ以上パソコンを渡すことになれば，貿易をしないときより状態が悪くなるため貿易をする意味がなくなるからです。

一方フランスは逆に，ワイン40樽を渡す場合40台以上のパソコンをドイツから受け取れなければ貿易をする意味がありません。よって，両方が合意できる交換はフランスのワイン40樽とドイツの40台のパソコンの交換しかありえず，結局それによって実現できるのは貿易をしないときの状態です。よって貿易をする意味がないため貿易は生じません。

以上の議論は，ドイツとフランスがあわせて120樽のワインを生産しその残りの労働でパソコンを生産するようないかなる場合にも適用できます。よって，リカードの比較優位論において，両産業とも収穫一定の技術のもとで，両国間で技術が同じであれば貿易は生じないことになります。

ここでパソコン産業はマーシャルの外部経済が存在するとしましょう。両国の労働賦存量はともに100とすると，生産可能性フロンティアはともに図3-13のような曲線ABで表されます。

先ほどと同様に，ここでも両国の国民は60樽のワインと残りはパソコンの消費という組合せを希望するものとします。貿易のない場合には，図3-13の点Eが両国の生産点かつ消費点となります。すなわち，ワイン60樽とパソコン1600台を両国は消費することになります。世界全体ではワインが120樽必要ですから，フランスはワインに特化して100樽を生産し，ドイツはワイン20樽とパソコン6400台を生産して，これらを両国間で貿易するとします。

規模の経済(1)——マーシャルの外部経済　　　　71

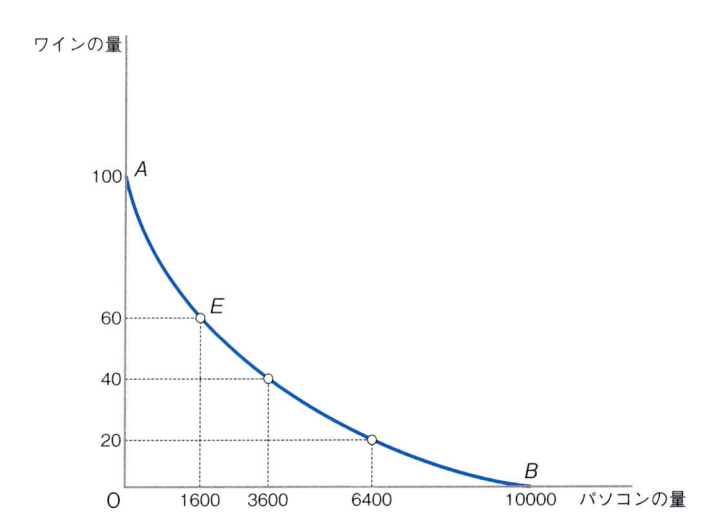

図3-13 パソコン産業が収穫逓増的な場合の貿易の可能性

フランスはワイン40樽を渡す場合，1600台以上のパソコンをドイツから受けとれば貿易をしないときより多くのパソコンが消費できるため，この交換に応じるでしょう。ドイツはそこでたとえば1700台のパソコンを渡して40樽のワインを受け取るとします。その結果，フランスは60樽のワインと1700台のパソコンを消費し，ドイツは60樽のワインと4700台のパソコンを消費できることになり，両国とも貿易によって，ワインの消費を減らすことなく，より多くのパソコンを消費できることになります。

よってこのような貿易が実現できれば，両国とも貿易によって利益を受けることになります。

規模の経済と貿易のパターン

生産技術も同じで要素賦存量も同じ国の間での貿易は，リカードの比較優位論やヘクシャー=オリーンの比較優位論では説明ができませんが，マーシャルの外部経済の存在を認めることによって，これらの同じような国の間の貿易を説明できることになります。この場合，規模の経済が働く産業の生産をどちらかの国に集中させることによって，規模の経済性を利用してより多くの生産を可能にし，それを両国で分けあうことで，それぞれが自前で生産して消費する場合より，より多くのものを手にすることができるというのがここでの議論の本質です（図3-14）。

同じような国同士のため，どちらの国が規模の経済をもつ産業に生産を集中させてその財を輸出するかは，はじめから決まっているわけではありません。(3.6) によって，規模の経済の働く産業の生産規模を少しでも大きくしたほうが，より高い賃金を支払えるため有利となって，生産はそちらに集中していくことになります。

よって最初に少しでも規模の経済の働く産業を大きくした国がこ

規模の経済(1)――マーシャルの外部経済　　　73

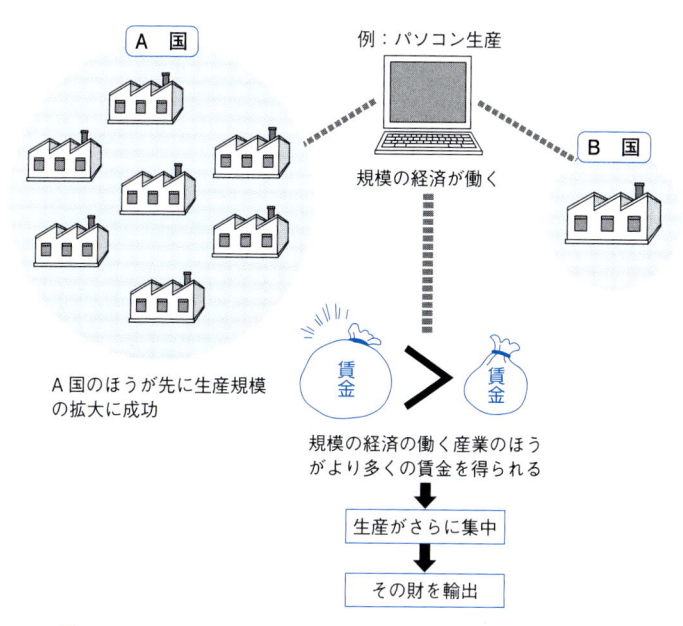

図3-14　マーシャルの外部経済が存在する場合の貿易パターン

> **キーポイント**　マーシャルの外部経済下での貿易パターン
>
> 　生産技術や要素の賦存量が同じ2つ国の間でも，産業にマーシャルの外部性が存在すると貿易が生じる可能性がある。
> 　どちらの国が外部性のある財の生産に集中して，その財を輸出するかは，どちらの国がその財の産業を早く大きくするかによる。早く大きくした国はその財の労働生産性を高くできるため比較優位をもつから，その財の輸出国となる。

の産業の生産が有利となり、その生産が集中していくことになります。そして、この財を輸出することになります。したがって、規模の経済の働く産業を育成して、その財を輸出するようになるためには、他国に先駆けてこの産業の生産規模を大きくすることが重要となってきます。

● 規模の経済（2）――収穫逓増的な生産技術の存在

産業が収穫逓増的になるもう一つの場合について説明します。それは各企業の生産技術自体が**企業規模の経済**によって収穫逓増的になる場合です（**図3-15**）。たとえば企業の生産規模が大きいと、企業内部での分業や、適材適所の人員配置、情報交換などのメリットが働き1人あたりの生産量が大きくなる場合があります。企業自体の生産技術がこのような性質をもつ場合、これを**企業に内部的な収穫逓増的生産技術**といい、先ほどの、企業にとっては外部的であるマーシャルの外部経済と区別します。

ふたたび、パソコン産業を考えましょう。この産業の各企業は企業に内部的な収穫逓増的な生産技術をもっている場合として、各企業の生産関数が

$$x = l^2$$

の場合を考えましょう。ここで、xとlはそれぞれ個別企業の生産量と労働投入量を表します。この場合、企業の1人あたりの生産量APは

$$AP = \frac{x}{l} = \frac{l^2}{l} = l$$

となりますから、労働投入量が大きくなると、労働者1人あたりの

規模の経済(2)——収穫逓増的な生産技術の存在　　　75

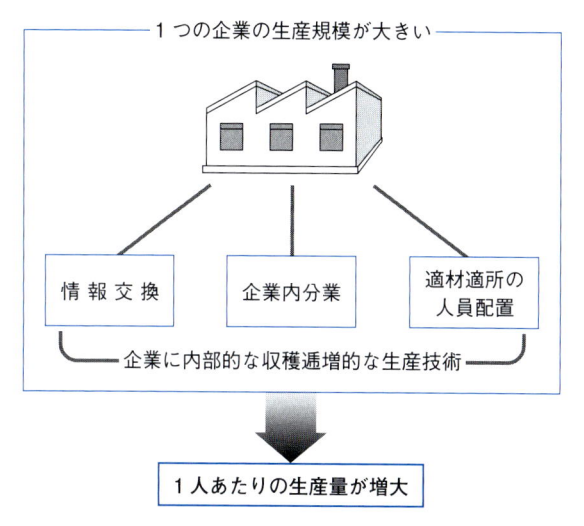

図3-15　産業が収穫逓増的になるもう一つの場合（企業に内部的な規模の経済）

> ♦ **キーポイント**　**企業に内部的な収穫逓増的生産技術**
>
> 　企業の生産技術自体が収穫逓増的，すなわち一つの企業の生産規模が大きくなると，1人あたりの生産量が大きくなるような生産技術を企業がもつ場合をいう。
> 　企業に内部的な収穫逓増的な生産技術がある場合には，生産規模を大きくした企業のほうが生産規模の小さな企業より1人あたりの生産量が多いため有利となり，小さな企業を淘汰できるため，企業間競争によって，最終的に大きな企業のみが生き残り，産業は独占になりやすくなる。

生産量APも大きくなります。

　よって，生産規模の大きい企業ほど1人あたりの生産量が大きいため，生産規模の小さい企業に対して有利となります。そこで，この産業内で企業間競争が行われると，大きな企業が小さな企業を駆逐するため，最終的に大きな企業のみが残ることになります。すなわち産業は独占企業に支配されやすくなり，マーシャルの外部経済が存在するときの完全競争状態はこの場合，実現されません。

　簡単化のために，パソコン産業において，企業に内部的な収穫逓増的生産技術がある場合，最終的に1つの企業のみがこの産業を支配するものとしましょう。このパソコン産業は独占企業によって生産されるものとしましょう。このような産業のある場合の国際貿易では，面白い現象が現れます。前節と同じように2つの国としてドイツとフランスを考え，それぞれの国はその国における独占企業によって生産されるパソコン産業と収穫一定の技術による多くの完全競争企業によって生産されるワイン産業があるものとします。

　国の規模，すなわち労働賦存量は両国で同じであり，それぞれの産業の生産技術も同じで，消費者の財に対する好みも両国間で同じとします。両国とも鎖国状態にあり，貿易が認められないときは，ドイツでもフランスでも，パソコン産業では国内の独占企業がパソコンの価格を独占価格水準に設定して販売します。この価格はドイツもフランスも国がまったく同じですから，同じ水準になります。そしてパソコン消費量，ワインの消費量それぞれについて，両国の消費者は同じ量を消費することになります。

　いま，これらの国の間で貿易が許可されたとします。この場合，ドイツのパソコンの独占企業はドイツのみならず，フランスの消費者にも販売できます。逆にフランスの独占企業はフランスのみなら

規模の経済(2)——収穫逓増的な生産技術の存在　77

コラム　国際間労働移動の分析：マクドゥガル・モデル（1）

　近年の国際貿易は生産された財のみでなく，生産のために必要とする労働や資本あるいは部品となる中間財などの国際間移動も活発に行われています。ここでは生産のための要素の国際間の移動が，世界経済にどのような影響を与えるかを分析した，マクドゥガルによるモデルを紹介します。

　まず準備として，ここでは生産活動を行った際の企業の利潤と労働者の所得が，どのようにグラフに示されるかを説明します。ミクロ経済学においては，企業は与えられた財価格と労働賃金のもとで利潤を最大にするための労働雇用量を，実質賃金（労働賃金÷財価格）が**労働の限界生産性**に等しくなるところで決めます（**企業の利潤最大化行動**）。

　ここで労働の限界生産性とは，労働を1単位増やすときに増加できる生産量のことをいいます。労働量の増加に伴い，労働の限界生産性は小さくなっていきます。よって，労働の限界生産性のグラフは図3-16のように右下がりとなります。

　仮に財価格を1として，労働賃金をwとすると，$\frac{w}{p}$，すなわち，wが限界生産性に等しいところで，企業の労働雇用量が決まります。図3-16では，wに対応して，企業の労働雇用量は$L(w)$となります。このときの企業の売上額は，財価格が1なので生産量の大きさ，すなわち，$OSQR$で囲まれた面積で示されます。労働者がこの生産活動に対して受け取る所得は，$L(w)\cdot w$すなわち$OPQR$で囲まれた面積です。このとき企業の利潤は三角形SQPで表されます。この生産活動全体がもたらす所得の大きさは企業の利潤と労働者の所得の合計，$OSQR$で囲まれた面積となります。

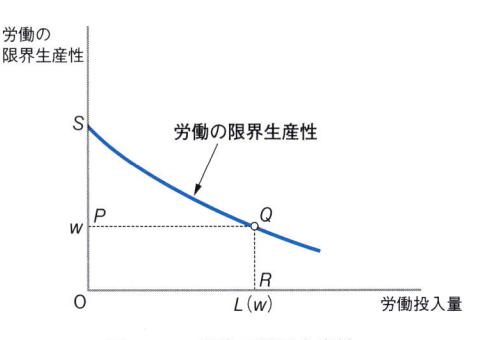

図3-16　労働の限界生産性

ずドイツでも販売できます。よって、ドイツの独占企業とフランスの独占企業は互いに競争をすることになります。これらのうちのどちらかの企業規模が貿易によって相手の企業より先に大きくなれば、この企業が世界の市場を独占することになります。このとき、パソコンの世界市場を独占した企業をもつ国はパソコンを輸出し他方の国はワインを輸出することになります。

この場合、パソコンを輸出する国は相手国から独占利潤を稼ぐため、貿易によって豊かになり、逆にワインの輸出国は高いパソコンを相手国から購入しなくてはならないため、貿易によって不利益を受ける可能性があります。

もしパソコン産業の企業規模が、貿易を行ったときにも両国間で同じであれば、両企業とも残ることになり、これらの企業の間で世界のパソコン市場において競争が行われます。この場合、企業間で互いに相手の最適生産量を所与として自分の最適な生産量を決めるような状態（**クールノー競争**）が生じると、貿易がなく国内企業の独占でパソコンが販売されていたときよりも価格は下がります。

しかし、両国はまったく同じため、貿易は実際には起こりません。貿易ができるという状況が、両国の独占企業に競争関係を作り出し、それによって、貿易は生じないが、パソコンの価格が下がり、両国の国民はそれによって恩恵を受けることになります。この場合、両国の国民は貿易ができるという可能性によって豊かになります。

● 独占的競争と産業内貿易

企業に内部的な収穫逓増的生産技術があると大きな企業が有利となって、小さな企業を駆逐するため、産業は大企業の独占になると述べましたが、このような場合、小さな企業が淘汰されずにこの産

コラム　国際間労働移動の分析：マクドゥガル・モデル（2）

（1）で述べた準備のもとで，国際間労働移動がもたらす経済効果を考察します。いま，A国とB国からなる世界経済を考えます。それぞれの国はある財の生産を，労働を使って行います。A国とB国に与えられた労働賦存量をそれぞれ，$\bar{L}_A$と$\bar{L}_B$とします。

（1）で説明したように，両国の労働の限界生産性のグラフは図3-17のように右下がりの曲線となります（2つの曲線は，それぞれの生産関数の形状によって異なっています）。ただし，B国の労働の限界生産性のグラフは原点をO_Bとして左方向に労働投入量をとっているため，曲線が反対方向になっています。図3-17の横軸O_AとO_Bの間の長さは$\bar{L}_A$と$\bar{L}_B$をあわせた大きさとなっています。

国際間労働移動がない場合には，A国とB国は与えられた労働の賦存量$\bar{L}_A$と$\bar{L}_B$をそれぞれ用いて生産を行います。これらの雇用量が達成されるためには，国内の賃金がそれぞれ，w_Aとw_Bでなくてはなりません（ただし各国の財の価格は1としています）。このとき，生産からもたらされるA国とB国の総所得は，それぞれ$O_A ACM$で囲まれた面積と$O_B BEM$で囲まれた面積になります。

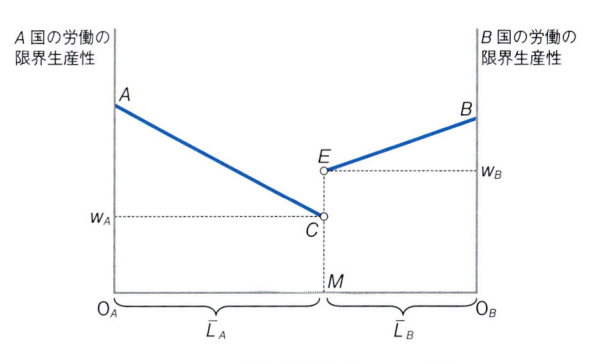

図3-17　国際間労働移動がない場合

業で生き残る方法があります。

　それは他の企業の製品と，付属部品やデザインなどで差をつけて，この企業の製品独特の魅力を出すことで，多少価格が高くてもこの製品が欲しいという人々を取り込むことです。すなわち製品のブランド化によって，他の製品と差別化を図ることで，企業規模が小さいために製品の価格が高くなっても，一定の人々に販売できるため，駆逐されずに生き残ることができます。

　そこで，多くの企業がそれぞれ互いに製品をブランド化・差別化してそれを独占的に生産して，その製品が欲しいという人に独占的に販売することで，互いに競争している状態を考えることができます。このような競争を独占的競争といいます。

　各企業のブランド製品にはそのブランド製品が欲しいという一定の消費者がいますが，だからといって他の製品よりあまり高くしすぎると，これらの消費者は他の製品に乗り換えることになります。ここでは，パソコン産業をそのような産業と考えることにします。

　先ほどと同じようにドイツとフランスの間での貿易を考えます。両国にはそれぞれワイン産業とパソコン産業があり，とくにパソコン産業は両国とも多数の企業が独自のブランド製品を生産して独占的競争をしているものとします。

　もし貿易がなければ，ドイツの人々はパソコンに関して，ドイツの企業のブランド製品の中から気に入ったものを選ぶことになります。フランスも同じく，フランスの企業のブランド製品の中から気に入ったパソコンを選ぶことになります。ここで貿易が始まると，ドイツのブランド製品はドイツのみならず，フランスでも売られるようになります。フランスのブランド製品はフランスのみならずドイツでも売られるようになります。

コラム　国際間労働移動の分析：マクドゥガル・モデル（3）

次に国際間労働がある場合についてみてみます（図3-18）。労働者はより高い賃金を求めて国際間を移動します。ここでは賃金w_Aより賃金w_Bのほうが高いため，A国の労働の一部がB国に移動することになります。$\varDelta L$だけ移動すると，A国とB国の生産における労働投入量はそれぞれ，$\bar{L}_A - \varDelta L$と$\bar{L}_B + \varDelta L$となり，これらを雇用するための労働賃金は両国ともに，w^*となり，賃金格差は解消するため，ここで労働移動はとまることになります。

図3-18では，A国については，生産がもたらす利潤の大きさが三角形AGH，そしてA国の労働者の所得が長方形$O_A HJM$で，これらを合計すると，労働移動のない場合に比べて，三角形GJCだけ大きくなっています。同じことはB国についてもいえます。B国では，国際間労働移動によって，労働移動のないときに比べて，三角形GEJだけ総所得が増加します。

よって，賃金格差があるとき賃金の高いほうの国への低いほうの国からの労働移動が可能であれば，それにより両国とも総所得を増加させることができるため，労働移動は両国経済にとって望ましいことといえます。

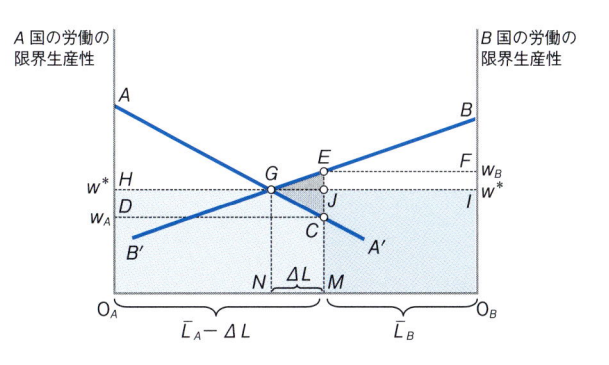

図3-18　国際間労働移動がある場合

このようにして両国の人々はドイツのブランド製品とフランスのブランド製品の両方の中から気に入ったものを選べるため，選択の幅が広がり，貿易前に比べて，より気に入ったものを選ぶことができるようになります。そのため，人々の消費生活の質が向上するので，両国とも貿易によって利益を受けることになります。

この場合，ドイツはドイツのパソコンをフランスに輸出し，フランスはフランスのパソコンをドイツに輸出するという貿易が生じます。このように同じ産業の製品を互いに輸出しあうような貿易を**産業内貿易**といいます。

現代の貿易は，パソコン産業はもちろんのこと，自動車産業や化粧品産業，ワイン産業など多くの産業において製品の差別化による産業内貿易が活発になってきています。このような貿易は，製品の選択のバラエティを広げることで，私たちの消費生活の質を向上させています。

■ 本章のまとめ

現代の多くの産業では，リカードのモデルやヘクシャー＝オリーンのモデルで想定されていたような収穫一定の技術のもとでの完全競争が展開されているというよりは，規模の経済が存在するような状況のもとで，さまざまな形の不完全競争がみられます。

産業全体の生産規模が大きくなると，それによって企業の生産効率がよくなる現象をマーシャルの外部経済といい，このような外部経済が存在すると，たとえ生産技術や国の規模が同じでも，外部経済の働く産業の規模を大きくすることによってその産業を他国よりも有利にして，その産業の製品を輸出することで，自国により多くの利益をもたらすことができます。

また企業の規模を大きくすることによって企業の生産効率をよくすることができる場合には，大きな企業が有利となるため産業は不完全競争

本章のまとめ

> **↑キーポイント　産業内貿易**
>
> 2国間で互いに同じ産業の財を輸出しあうような貿易で，産業内で企業が製品の差別化を行っている独占的競争の場合には，差別化された製品を互いに輸出しあうため，産業内貿易が生じることになる。

コラム　産業内貿易指数（1）

2人の経済学者ハーバード・グルーベルとピーター・ロイドは，第i産業の産業内貿易の大きさを測るために次のような**産業内貿易指数**を提案しました。

$$GL = 1 - \left| \frac{E_i - M_i}{E_i + M_i} \right|$$

ただし，E_iとM_iはそれぞれ第i産業の輸出量と輸入量です（GLはグルーベルとロイドの頭文字を取っています）。たとえば，第i産業は輸出をしているが輸入はないとすると$E_i > 0$と$M_i = 0$ですから，産業内貿易指数は$GL = 0$となります。もし輸出と輸入が同じ大きさであれば，$E_i = M_i > 0$より，産業内貿易指数は$GL = 1$となります。一般的には産業内貿易指数GLは0と1の間の大きさとなります。そして産業内貿易が大きいほどGLは1に近くなります。

産業内貿易指数の大きさは産業分類をどの程度細かく取るかによっても変わってきます。たとえば，自動車産業が大型自動車と小型自動車の2つの小産業からなるとして，これらの小分類の輸出と輸入が**表3-4**のようになっているとしましょう。このとき，自動車産業全体では輸出と輸入はともに120であるため，$GL = 1$となります。しかし小分類では小型自動車，大型自動車の産業内貿易指数は0.33となります。

表3-4　自動車産業内の輸出量と輸入量

	輸　　出	輸　　入
小型自動車産業	100	20
大型自動車産業	20	100

の状態になります。その場合，もし貿易をする国同士の規模や生産技術が同じであれば，貿易は生じませんが，企業が国際競争にさらされることで価格の低下が生じるため，国の経済厚生が上昇することになります。

製品の差別化による競争も多くの現代的産業においてみられる特徴です。このような競争のもとでは同じ産業の品物であっても差別化されているために，貿易国の間で，互いに両国とも輸出と輸入を同時に行うという現象が生じます。同じ産業の製品の輸出と輸入の両方を同時に行うような貿易は，産業内貿易といいます。このような貿易によって，消費者の選択できる製品のバラエティが増加するため，貿易による利益を受けることができます。

コラム　産業内貿易指数（2）

（1）では1つの産業についての産業内を説明しましたが，産業全体の産業内貿易の指数は産業全体の貿易量と各産業の産業内貿易でない部分の大きさの合計とを比較することによって，求めます。この計算式は

$$GL = 1 - \frac{\sum_{i=1}^{n}|E_i - M_i|}{\sum_{i=1}^{n}|E_i + M_i|}$$

で表されます。

参考として，下の表3-5に主要国の全品目についての産業内貿易指数をあげておきます。

表3-5　主要国の全品目の産業内貿易指数

国　名	1959年	1964年	1970年	1975年	1980年	1985年
日　本	0.17	0.21	0.26	0.19	0.19	0.23
アメリカ	0.40	0.40	0.53	0.57	0.57	0.54
フランス	0.45	0.60	0.67	0.65	0.67	0.74
西ドイツ	0.39	0.42	0.54	0.52	0.57	0.63

(出所)　経済企画庁経済研究所編（1995）「経済統計」第125号（平成3年7月）
(注)　SITC（標準国際貿易分類）の3桁分類の全品目をもとに計算している。

第4章
貿易政策

貿易政策とは

　伝統的なリカードやヘクシャー＝オリーンの比較優位論の考え方では，貿易をまったくしないときより，自由に貿易をした場合のほうが両国とも経済の状態がよくなることを示してきました。

　しかし，国全体の経済状態が自由貿易によってよくなるとしても，ある人々にとっては貿易によって損失をこうむる場合があります。後でみるように，たとえば海外からの安いコメを自由に輸入できるようになると，消費者は恩恵を受けますが，国内のコメ農家はコメの価格が下がることで収入が減ります。

　このような場合，コメ農家を保護するために，輸入を制限するような貿易政策をとることがあります。特定の人々のために貿易を制限するような場合のみでなく，自国の経済状態を自由貿易のときよりもっとよくしようとして，輸出を奨励したり，輸入を制限したりするような貿易政策をとることがあります。本章では，このような政府のとる貿易政策が国内の経済や，世界全体の経済にどのような影響を及ぼすかについてみていくことにします。

　貿易政策にはさまざまなものがあります。輸入を制限するための政策の代表的なものは関税です。外国からの輸入品に税金をかけ，輸入品の価格を高くすることで，国内における販売をしにくくする政策です（表4-1）。他にも輸入を直接，規制する輸入数量制限（これは輸入割り当てともいいます）や，輸入を全面的に禁止する輸入禁止などがあります。輸出を奨励する政策としては輸出補助金があります。輸出向けの製品には政府が補助金を出して，海外での販売価格を低くできるようにすることで，輸出を増やす政策です。輸出に関しては，輸出先の国の事情を考慮して，輸出量を制限する輸出自主規制も貿易政策としてあります。

✦キーポイント　主な貿易政策

- **関　　税**……輸入品に税金をかける。
- **輸入数量制限（輸入割り当て）**……輸入品を制限する。
- **輸入禁止**……輸入を禁止する。
- **輸出補助金**……輸出に補助金を出す。
- **輸出自主規制**……輸出量を輸出国側が自主的に制限する。

表4-1　日本の関税の例（基本税率）

コ　メ	1キログラムあたり402円
牛　肉	50パーセント
ビール	1リットルあたり6.40円
乗用自動車	無税
腕時計	無税

(出所)　税関「実効関税率表　2010年1月版」より作成
(注)　乗用自動車および腕時計は，関税定率法では7.022の税率が定められているが（2007年現在），そのうちの約35％が無税となっている。

部分均衡分析と一般均衡分析

本章では関税政策の経済効果を中心にみていきますが、輸入数量制限や輸出補助金などの政策も、関税政策との関連でふれることにします。ある国の政府が特定の輸入財、たとえばコメの輸入に関税をかけることを考えましょう。この関税がもたらすこの国への影響をみるために、部分均衡分析という方法を用います（図4-1）。これはコメにかける関税はコメ以外の財に対して影響を及ぼさないものと考え、もっぱらコメの市場のみに焦点をあてて分析する方法です。

コメの市場が国内経済の中できわめて小さい場合には、コメの市場で起こることがこの国全体に与える影響は、きわめて小さいと考えられますから、このような分析で十分でしょう。しかしコメの市場がこの国の市場全体に占める割合が大きいと、コメの市場で起こることが経済全体に大きく影響するため、コメ以外の財市場への影響も考慮していく必要があります。このような場合の分析は一般均衡分析という方法を用いることになります。

さらにここでは、この国の経済は世界の中の小国であるとします。よって、この国のコメ市場は世界全体のコメ市場に比べるときわめて小さいため、この国のコメ市場で起こることは海外のコメ市場に影響を与えないものとします。具体的には世界で成立しているコメの価格はこの国の経済の変化によって影響を受けないというもので、小国の仮定といわれるものです（図4-1）。

したがって、小国におけるある特定の輸入財（ここではそれをコメとします）への関税の効果について部分均衡分析によってみていきます。

キーポイント　部分均衡分析と一般均衡分析

- 部分均衡分析……一つの市場のみを分析の対象として、他の市場に与える影響は考えずに分析する方法。

- 一般均衡分析……すべての市場を分析の対象として、経済全体の相互作用を考えて分析する方法。

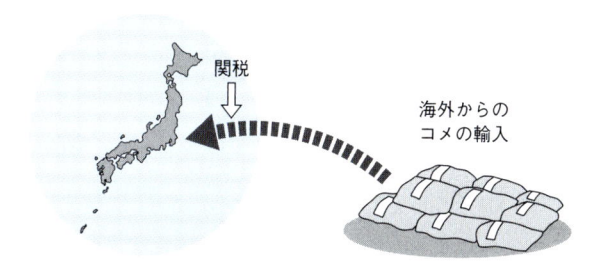

コメにかける関税は他の財には影響がないものと考えて分析する（部分均衡分析）

世界のコメの価格には影響を与えないものと仮定する（小国の仮定）

図4-1　部分均衡分析における前提

部分均衡分析による自由貿易の効果

以下，日本の国を考えて話を進めます。日本がコメの貿易をしていない場合の，日本のコメ市場のグラフが図4-2に示されています。この図において，右下がりの曲線DD'は日本の国内のコメの需要曲線で，右上がりの曲線SS'は国内の供給曲線です。貿易がなければ，日本の国内のコメの市場均衡は国内の需要と供給が等しくなるところ，すなわち2つの曲線の交点Eで表されます。よって図4-2にみるようにコメの国内の均衡価格はp^Aで国内の均衡生産量は均衡需要量に等しくx^Aとなります。

コメ市場が均衡状態にあるとき，図4-2において，消費者余剰は三角形DEAの面積で表され，生産者余剰は三角形AESの面積で表されます。よってコメ市場の均衡によってもたらされるこの国全体の余剰である社会的余剰は三角形DESの面積の大きさになります。以上が貿易を行わない場合です。

次に自由貿易を行う場合についてみてみましょう。図4-2の需要曲線と供給曲線を図4-3に描きます。そして，世界で取引されているコメの価格をp^Iとしましょう。図に示されているように$p^A > p^I$とします。コメは価格p^Iで自由に海外から輸入できるため，消費者は安い海外のコメを購入します。そのため，国内の生産者が国内の消費者にコメを売るためには価格をp^Iとしなくてはなりません。よって，自由貿易の場合，国内のコメの価格はp^Iとなり，そのときの国内の生産者の供給量はx^Sとなる一方，国内の消費者の需要量はx^Dとなります。すなわち，需要量に比べて供給量が少なく，$x^D - x^S$の大きさの品不足が発生していますので，この不足分を海外からの輸入でまかなうことになります。以上が自由貿易のもとでの日本のコメ市場の均衡になります。

✦キーポイント　消費者余剰と生産者余剰

- 消費者余剰……財の消費から得られる効用（満足度）の金銭的評価から，財の支払額（数量×価格）を引いた大きさ。需要曲線と価格線の間の面積で示される。

- 生産者余剰……生産者の販売収入（数量×価格）から生産費用を引いた大きさ（利潤）。供給曲線と価格線の間の面積で示される。

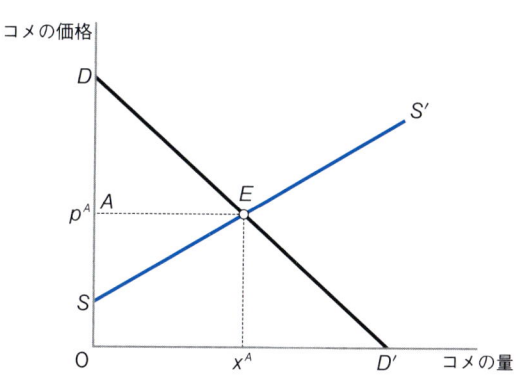

図4-2　部分均衡分析（貿易のない場合）

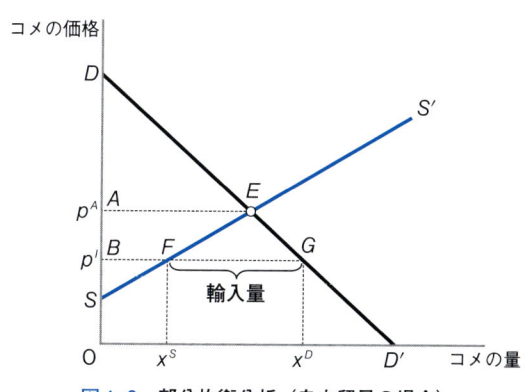

図4-3　部分均衡分析（自由貿易の場合）

この場合，消費者余剰は三角形 DGB の面積の大きさとなり，貿易のない場合の消費者余剰である三角形 DES の面積の大きさを上回ります（図4-4）。しかし，生産者余剰は三角形 BFS の面積の大きさとなり，貿易のない場合の生産者余剰の大きさである三角形 AES より小さくなります。よって，自由貿易は消費者に恩恵をもたらしますが，生産者にとっては不利となります（図4-5）。

自由貿易の場合，日本全体の余剰である社会的余剰は消費者余剰と生産者余剰の合計で表されるため，図4-6 において DGFS で囲まれた面積の大きさとなり，貿易のない場合の社会的余剰である三角形 DES の面積の大きさを三角形 EGF の大きさだけ上回ります。よって自由貿易は生産者には不利になりますが，日本全体の経済には恩恵をもたらすことになります。

これは自由貿易によってコメの価格が下がることで国内の消費者が恩恵を受ける一方，コメの価格の低下は生産者であるコメ農家の収入の低下をもたらすためです。

● 部分均衡分析による関税政策の効果

ここで政府は，貿易によってもたらされるコメの生産者への損失をやわらげるため，コメの輸入に関税をかけるものとします。

関税のかけ方には，コメの量にかける**重量税**とコメの価格にかける**従価税**がありますが，ここでは重量税を考え，コメ1単位の輸入に t 円の関税をかけることにします。このとき海外で売られているコメの価格は p^I ですが，それを輸入して，日本の国内で売るときは，政府によって t 円の関税がかけられるため，p^I+t 円になります。

図4-3 に関税をかけたときの価格 p^I+t を入れた図が図4-7 です。図4-7 では $p^I < p^I+t < p^A$ となっています。関税をかけても，貿易

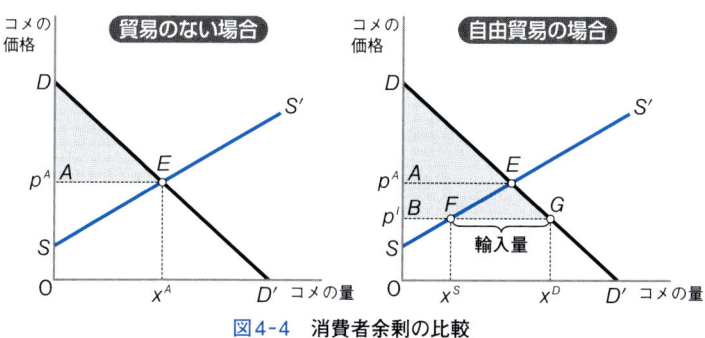

部分均衡分析による関税政策の効果　　　　　　　　　93

図4-4　消費者余剰の比較

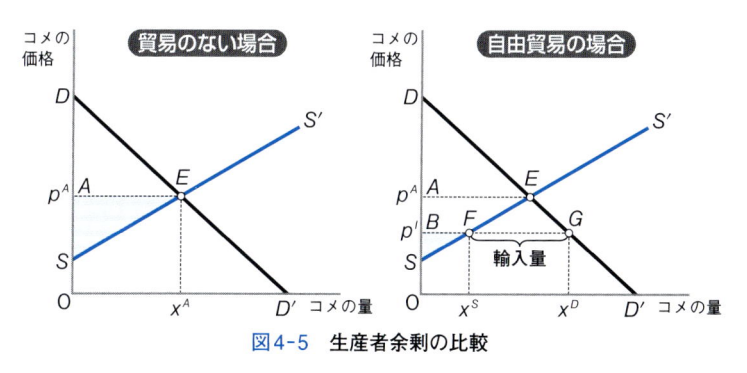

図4-5　生産者余剰の比較

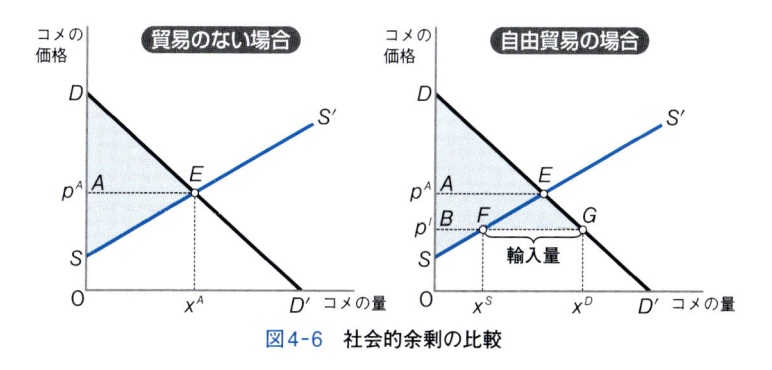

図4-6　社会的余剰の比較

をしないときの価格より安いため、コメは輸入されることになります。しかし、自由貿易のときより輸入量は少なくなります。このことは図4-7において、関税をかけたときの価格p^I+tのもとでの国内供給量はx^{ST}である一方、国内需要量はx^{DT}となり、したがって輸入量は$x^{DT}-x^{ST}$となり、自由貿易の場合の輸入量x^D-x^Sより小さいことでわかります。

しかしこの場合、コメの生産者の余剰は三角形CHSの大きさですから、自由貿易のときの生産者余剰である三角形BFSよりは大きくなります。社会全体の余剰は、消費者余剰である三角形DICと生産者余剰である三角形CHSに加えて、政府は関税収入として（輸入1単位の関税）×（輸入量）の大きさが得られます。これは式で表せば、$t\times(x^{DT}-x^{ST})$となり、図の長方形の面積$HIKJ$となります。

これらを合計した大きさが、この場合の社会全体の余剰ですから、それは図の青色部分の面積で表されます。これは貿易をしないときの社会的余剰（三角形DES）よりは大きいけれども、自由貿易のときの社会的余剰（$DGFS$で囲まれた部分）よりは小さくなります。

以上より、自由貿易によって海外の安い製品の輸入が可能になると社会全体は恩恵を受けるけれども、国内生産者は被害を受けることになります。そこで、自由貿易によって受ける生産者の被害を小さくするため、輸入量に関税をかけて輸入を制限すると、社会全体の余剰も自由貿易のときより小さくなります。

🔵 部分均衡分析による輸入数量制限の効果

次に、輸入量を直接制限する輸入数量制限政策を考えてみましょう。日本のコメ市場について、貿易をしない場合と自由貿易の場合は、それぞれ図4-2と図4-3でした。そこで日本の政府は輸入に関

↑キーポイント 部分均衡分析による輸入関税の効果

- 消費者余剰……　貿易のない場合 < 関税下での貿易 < 自由貿易
- 生産者余剰……　自由貿易 < 関税下での貿易 < 貿易のない場合
- 社会的余剰……　貿易のない場合 < 関税下での貿易 < 自由貿易
- 輸 入 量………　関税下での貿易 < 自由貿易

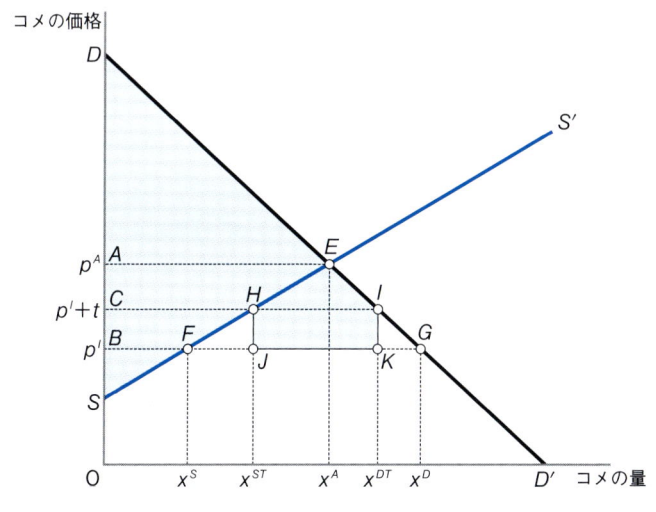

図4-7　部分均衡分析による輸入関税の効果

税をかけるかわりに，自由貿易のときの輸入量x^D-x^Sより少ないMの大きさの輸入量だけを輸入業者に許可するとします。

このとき図4-8にみるように，国内価格が国際価格p^I以上の場合，輸入業者はMの大きさの輸入を行いますから，国内のコメの供給曲線は図4-8のように，貿易のない場合の供給曲線SS'をp^I以上のところから上方でMだけ，右にシフトさせた折れ線の$SRQS''$となります。よって国内のコメの価格はこの供給曲線$SRQS''$と国内の需要曲線DD'が交わるVが市場均衡となります。よって均衡価格はp^Qとなります。

ここで，この輸入制限量Mの大きさを図4-7の$x^{DT}-x^{ST}$と等しい大きさに設定すると，図4-8のUとVは，図4-7のHとIに一致するため，$p^Q=p^I+t$となり，図4-8と図4-7は同じになります。すなわち，関税政策による効果と輸入数量制限政策は経済的に同じ効果をもたらすことになります。

唯一違うのは，関税の場合の政府の関税収入である図4-7の長方形$HIKJ$は，輸入数量制限の場合，輸入業者の収入になることです。なぜなら輸入業者は海外からp^Iで購入して，それを国内において$p^Q(=p^I+t)$の価格で販売するため，1単位につきt円の利益があります。輸入量$M(=x^{DQ}-x^{QT})$を販売するため，結局，輸入業者の収入は図4-8の青色部分の大きさとなり，それは関税収入と同じになります。よって，輸入業者が日本の業者である場合は日本の社会的余剰は関税のときと同じになります。

もしコメの貿易を海外の輸出業者に任せると，青色部分の大きさは海外の輸出業者のものになるため，この国の社会的余剰は図4-8において$DVUS$で囲まれた大きさとなります。社会的余剰は輸入を海外の輸出業者に任せると小さくなりますが，それでも貿易をまっ

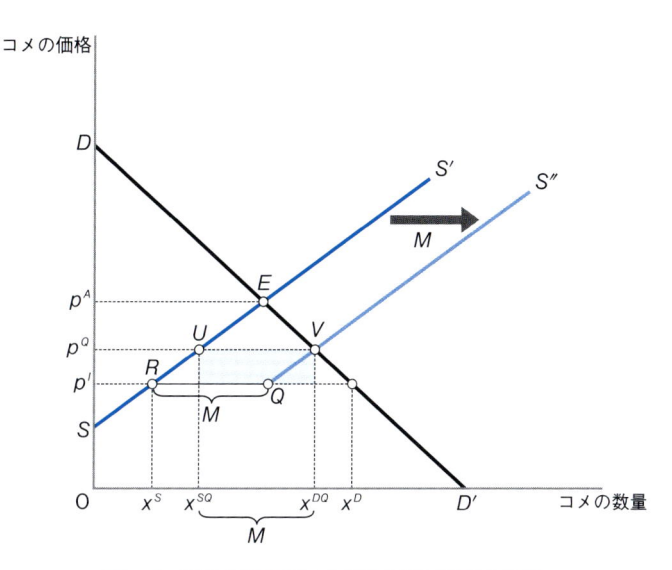

図4-8 部分均衡分析による輸入数量制限の効果

↑キーポイント　部分均衡分析による輸入関税，輸入数量制限

部分均衡分析においては，輸入数量制限を行うことで，輸入関税を課す場合と同じ経済効果を与えることができる。

たくしない場合よりは三角形EVUだけ大きくなります。

部分均衡分析による輸出補助金の効果

それでは，輸出補助金の場合の経済効果はどうでしょうか。図4-9は日本の自動車市場のグラフです。図にみるように貿易をしない場合の国内均衡価格p^Aよりも国際価格p^Iのほうが高いため，自由貿易のもとでは$x^S-x^D=JK$だけ輸出することになります。輸入関税の場合と同じようにして，貿易のない状態から自由貿易に移ると，この場合は生産者余剰が増加して，消費者余剰が減少します。そして社会的余剰は増加します。

ここで，輸出1単位にs円の補助金を出すと，生産者は海外において1単位p^I円で販売しても，実際はそれに補助金を加えたp^I+s円で販売したことになります。よって生産者は国内で販売する場合，自動車の価格をそれにあわせて，p^I+s円とします。このとき図4-9にみるように，輸出量は$x^{SS}-x^{DS}=HI$となります。すなわち輸出補助金は輸出を増加させる効果があります。生産者余剰は自由貿易のときよりさらに増加し，消費者余剰はさらに減少します。しかし，政府は生産者への補助金として全体で四角形$HIGF$の面積の大きさを支払うため，社会的余剰は生産者余剰（三角形CIS）＋消費者余剰（三角形DHC）－補助金の支払い（長方形$HIGF$）となり自由貿易の場合の社会的余剰より青色部分の面積分小さくなります。

一般均衡分析による小国の自由貿易の効果

以上は部分均衡分析によって関税が経済に与える影響をみてきました。そこで，次に一般均衡分析でこの問題を考えてみましょう。世界の経済は2財2要素からなるとして，第2章で説明したヘクシ

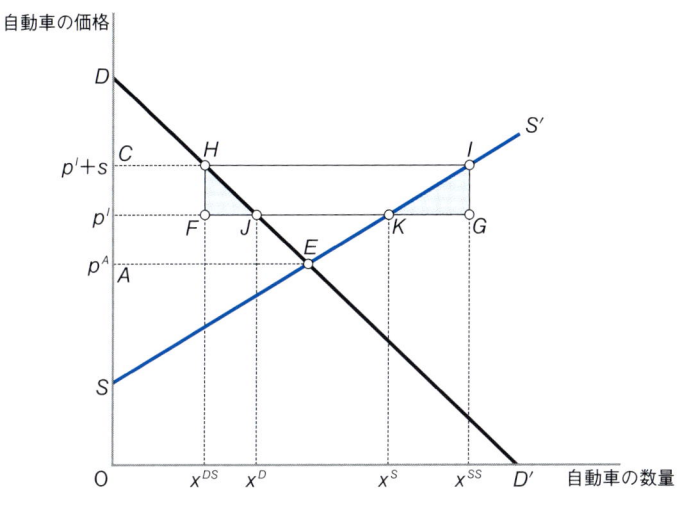

図4-9 部分均衡分析による輸出補助金の効果

> **♦ キーポイント　部分均衡分析による輸出補助金の効果**
>
> ● 消費者余剰……　補助金下での貿易 ＜ 自由貿易 ＜ 貿易のない場合
>
> ● 生産者余剰……　貿易のない場合 ＜ 自由貿易 ＜ 補助金下での貿易
>
> ● 社会的余剰……　貿易のない場合 ＜ 補助金下での貿易 ＜ 自由貿易
>
> ● 輸 入 量………　自由貿易 ＜ 補助金下での貿易

ャー=オリーンの経済を考えることにします。第2章では，国は日本とアメリカを考えましたが，ここでは日本は小国であるとして，日本のみを考えていきます。財は農産品と工業品，また生産要素は資本と労働とし，日本の各財の生産技術や要素賦存量は第2章の通りとします。

そして，日本が貿易を行わないときの工業品の価格に対する農業品の均衡価格をP^Aとします。すなわち工業品の価格と農業品の価格をそれぞれP_M^AとP_A^Aとすれば，$P^A \equiv \dfrac{P_A^A}{P_M^A}$と表されます。そして国際的な工業品の価格に対する農業品の価格をP^Iとします。すなわち，国際的な工業品と農業品の価格をそれぞれ，P_M^IとP_A^Iとすれば，$P^I \equiv \dfrac{P_A^I}{P_M^I}$と表されます。そして$P^I < P^A$とします。すなわち世界のほうが日本の国内よりの工業品に対する農業品の価格が安いとします。このとき日本は工業品を輸出して，農業品を輸入することになります。

図4-10に第2章の図2-6にならって日本における貿易を行わないときと自由貿易を行うときの経済厚生の水準が示されています。図では，AJBは生産可能性フロンティアで，貿易を行わないときの生産点と消費点はともにJになります。そのときの経済厚生水準は点Jを通る無差別曲線W_A^Jで表されます。

一方，自由貿易を行うと，生産点はJで消費点は国際価格のもとでの日本の所得制約線$A'B'$と無差別曲線が接するKとなります。そのときの経済厚生水準はこの無差別曲線W_T^Jで表されます。

よって自由貿易のときのほうが無差別曲線は上に位置するため経済厚生が大きいことがわかります。以上は基本的に第2章で学んだことです。

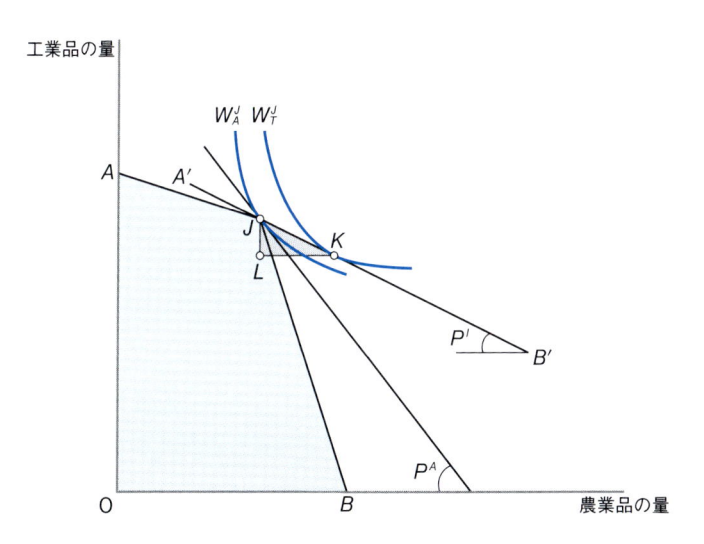

図4-10 一般均衡分析（貿易のない場合と自由貿易の場合）

一般均衡分析による小国の関税政策の効果

ここで農産品の輸入に重量税として関税tをかけることにします。工業品の国内価格は国際価格と同じですが、農業品の国内の価格は国際価格に関税tを加えた価格P_A^I+tとなります。よって農業品に関税のかかっている場合の日本の国内の工業品に対する農業品の価格P^Tとすると、$P^T \equiv \dfrac{P_A^I+t}{P_M^I}$となり、$P^I<P^T$が成立します。

さらに関税がかけられたときの価格P^Tのもとで、農業品が輸入されるためには、貿易のない場合のときの国内均衡価格P^Aが小さくなくてはなりません。よって$P^I<P^T<P^A$として以下考えることとします。

図4-10をもとにして図4-11に関税のかかっている場合の貿易均衡の状態を示してあります。日本の国内の生産者が直面する価格の比はP^Tとなります。生産点は生産可能性フロンティアにP^Tの傾きをもつ直線が接するところですから、点Jになります。点Jでの生産量を海外に販売して、それによって得られた所得をもとに財を購入するときの海外との取引は国際価格にしたがいますから、日本の所得制約線は点Jを通る傾きP^Iの直線$A'B'$となります。よって日本の消費点はこの直線上になくてはなりません。

そして消費者の直面する価格比はP^Tですから、直線$A'B'$上で無差別曲線の接線がP^Tとなる点Tが消費点となり、そこを通る無差別曲線W_R^Jによって、経済厚生水準が表されます。

貿易を行わないときの消費点は点Jで、そのときの経済厚生の大きさはJを通る無差別曲線W_A^Jで表されます。点Jにおける無差別曲線W_A^Jの接線の傾きが貿易を行わないときの国内の均衡価格P_Aであり、先に説明したように$P^I<P^T<P^A$とします。

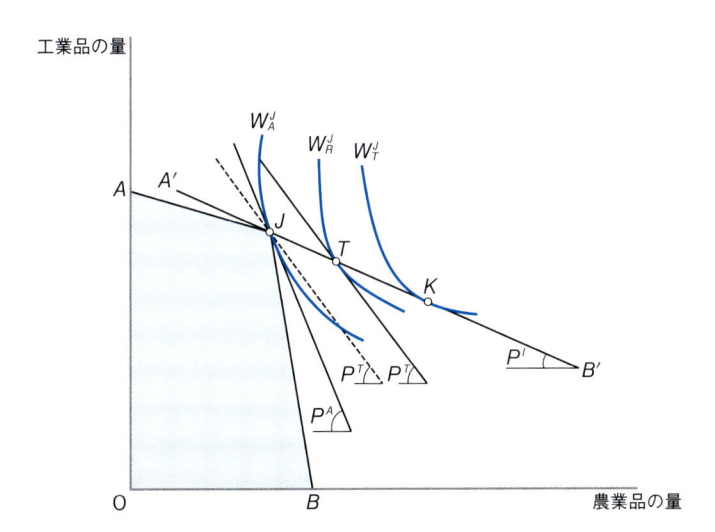

図4-11　一般均衡分析による輸入関税の効果①

自由貿易を行うときの消費点Kと，貿易を行わないときの消費点Jをそれぞれ通る無差別曲線W_T^JとW_A^Jの間には無数の無差別曲線があり，これらは直線$A'B'$と点KとJの間のどこかで交わります。このことと，$P^I<P^T<P^A$でW_T^JとW_A^Jがそれぞれ直線$A'B'$上の点KとJで傾きP^IとP^Aの接線をもつことから，直線$A'B'$上の点KとJの間のどこかで傾きP^Tの接線をもつ無差別曲線が存在します。これが図4-12で点Tを通る無差別曲線W_R^Jとして表されています。すなわち無差別曲線W_R^Jは直線$A'B'$上の点Tで傾きP^Tの接線をもちます。

よって関税のある場合には，価格P^Tのもとで点Tが消費点となり，そのときの経済厚生の水準は無差別曲線W_R^Jで表されます。

図4-12のW_T^J，W_R^J，W_A^Jをみるともっとも原点からはなれているのがW_T^J，その次がW_R^J，そしてもっとも原点に近いのがW_A^Jですから，自由貿易のときに経済厚生はもっとも大きく，その次に大きいのが関税のもとでの貿易，そして貿易のない場合に経済厚生はもっとも小さくなります。よって部分均衡分析の場合と同じ結果となります。

図4-11と同じ図4-12をみると関税をかけると貿易量も縮小することがわかります。図において，自由貿易のときの貿易三角形はJKLでしたが関税をかけると，貿易三角形はJTMに縮小するからです。

よって部分均衡分析の場合と同じように，一般均衡分析によっても関税は貿易を縮小させるという結果を導くことができます。

🔵 一般均衡分析による輸入数量制限や輸出補助金の効果

一般均衡分析によって輸入数量制限の経済効果をみましょう。図4-11において農業品の輸入数量をMTに制限すると，国際価格比

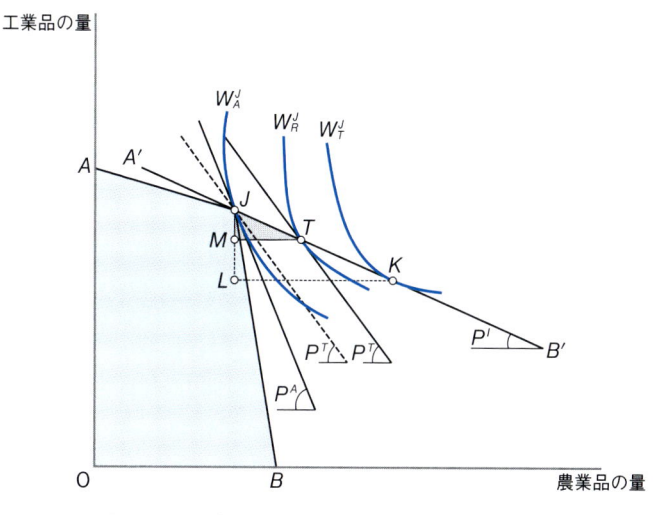

図4-12 一般均衡分析による輸入関税の効果②

♦キーポイント　一般均衡分析による輸入関税の効果

- 社会的厚生……　貿易のない場合　<　関税下での貿易　<　自由貿易
- 輸 出 量………　貿易のない場合　<　関税下での貿易　<　自由貿易
- 輸 入 量………　貿易のない場合　<　関税下での貿易　<　自由貿易

P^I のもとで，これを輸入するために，工業品を JM だけ輸出することになります。国内の生産者の生産点が J であれば，これに貿易量を考慮した，2つの財の国内における供給量を表す点は T になります。

効用最大にするように行動する消費者が国内供給量の点 T で2つの財を購入するためには，点 T を通る無差別曲線 W_R^J に対して点 T で所得線が接していなくてはなりません。そのような所得線は，国内価格比が図4-11に示されるように P^T となるときです。したがって，輸入数量制限のもとでも関税と同じ状況が出現するため，貿易量や経済厚生への効果は関税の場合と同じになります。

次に，図4-13によって一般均衡分析で輸出補助金政策を考えてみましょう。工業品1単位あたりの輸出に s 円の補助金を出すと工業品の生産者の海外での価格 P_M^I に s を加えた $P_M^I + s$ が生産者の受け取る価格となるため，これが国内価格になります。よって国内の価格比を P^S とすると，$P^S = \dfrac{P_A^I}{P_M^I + s}$ となり，$P^S < P^I = \dfrac{P_A^I}{P_M^I}$ となります。

国内の価格比 P^S のもとでの生産点は P^S の傾きをもつ右下りの直線が生産可能性フロンティア AJB と接する点 J です。点 J を生産点として国際価格比 P^I のもとで貿易を行うと，国内への2つの財の供給量の点は図の $A'B'$ 線上になくてはなりません。そして，この線上で消費者が P^I より低い P^S のもとで，効用を最大にする消費点は $A'B'$ 線上で K より右下になくてはなりません。図ではこの点は S で示されています。

よって，輸出補助金を出すと貿易三角形 JQS は自由貿易のときの貿易三角形 JKL より大きくなります。すなわち輸入関税のときとは逆に貿易量は増加しますが，図4-13にみるように経済厚生は自由

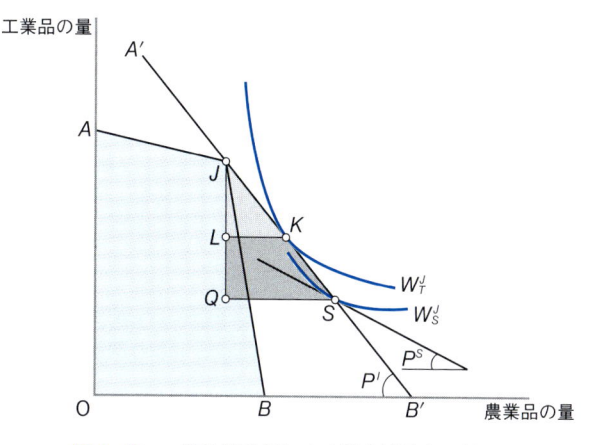

図4-13　一般均衡分析による輸出補助金の効果

> **↑キーポイント　一般均衡分析による輸入数量制限**
>
> 　一般均衡分析においては，輸入関税と輸入数量制限は同じ経済効果をもつ。

> **↑キーポイント　一般均衡分析による輸出補助金の効果**
>
> ●社会的厚生……　貿易のない場合 < 補助金下での貿易 < 自由貿易
>
> ●輸　出　量………　自由貿易 < 補助金下での貿易
>
> ●輸　入　量………　自由貿易 < 補助金下での貿易

貿易のときのW_T^IからW_S^Iに低下します。

いままでは貿易国が小国の場合について考えてきましたが、貿易国が大国である場合には、この国の貿易政策による輸出量や輸入量の変化は財の国際価格に影響を与えます。したがって、貿易国が大国の場合には、その国の貿易政策が国際価格にどのような影響を与えるかを考慮に入れながら貿易政策を考えていく必要があります。

■ 本章のまとめ

貿易国の政府は輸出を奨励して輸入を制限するような貿易政策をとる傾向があります。これは、国内の産業の保護や、外貨の獲得といった目的で行われます。このような政策として、輸入関税、輸出補助金、輸入数量制限、輸出自主規制などがあります。これらの政策はいずれも貿易の縮小となります。市場が完全競争にあるときは、貿易国は自由貿易がもっとも望ましく、このような貿易の縮小となる貿易政策は自由貿易に比べて貿易国の利益を損ないます。本章ではこのことを部分均衡分析と一般均衡分析の両方によって示しました。

現代的な産業では、完全競争というよりは少数の企業が市場を支配して互いに競争する寡占的競争が多く見受けられるようになっています。このような産業では、企業規模を大きくすることで生産効率を高められます。そこで政府は、企業規模を大きくして輸出により企業が外国からの独占利潤を稼ぐことで自国に利益をもたらすように、輸出振興のための貿易政策を戦略的にとろうとすることがあります。これは次頁のコラムで説明するように、ゲームの理論を用いることで分析されています。

コラム　戦略的貿易政策

　国際市場が多くの企業によって成り立っている完全競争市場である場合には，各企業の利潤はゼロとなり，各国は自国の社会厚生を高めるためには自由貿易を行うことが望ましいことを本章で説明しました。

　しかし，国際市場が少数の企業によって占められている寡占市場である場合には，貿易国は自国企業が国際市場において有利になるようにしてより多くの利潤を獲得できるような政策を採用することによって，自国の社会厚生を大きくすることが可能となります。実際，自動車や家電製品，通信機器，コンピュータなどに代表される現代の多くの産業には多かれ少なかれ寡占的側面がみられます。

　このような状況においては，各国の政府は自国に有利な貿易政策を採用しようとします。自国の社会厚生は貿易相手国が採用する貿易政策からも影響を受けるため，相手国がとる貿易政策を考慮に入れて，自国はその貿易政策を決めていく必要があります。このことは相手国についてもいえます。したがって，互いに貿易相手国のとる貿易政策を考慮に入れながら，自国にとって望ましい貿易政策を戦略的に決めていくことになります。このような貿易政策を**戦略的貿易政策**といいます。たとえば，A国がB国に自動車を輸出する場合，A国政府はA国の自動車メーカーのB国への輸出を伸ばすためにこの企業に輸出補助金を出す政策が考えられます。これに対してB国は，A国からの自動車の輸出に対して，これを抑えるために関税をかける政策をとろうとするかもしれません。

　A国はこのようなB国政府のとる政策を考慮に入れながら，自国にとって望ましい政策を決める必要があります。一方B国にとっても，A国の補助金政策を考慮に入れながら望ましい貿易政策を決めていくことになります。

コラム　戦略的貿易政策とゲームの理論

　戦略的貿易政策について理論的に分析するためには，国同士が互いに相手国の政策を考慮に入れながら，自国の政策を決めるため，ゲームの理論がその分析用具として有用となります。ここでは戦略的貿易政策がゲームの理論を用いてどのように説明できるかを，簡単なモデルによって紹介しましょう。

　いま，日本とアメリカはそれぞれ国内に1つの自動車メーカーをもっているとします（たとえば，これらをトヨタとGMとします）。これらの企業はハイブリッド車を開発して，中国市場での販売を考えているものとします。そのために，これらの企業は開発競争をしています。両企業はそれぞれハイブリッド車を「開発する」と「開発しない」という2つの戦略をもっているものとします。これらの戦略をとった際の利益を，ゲーム理論では利得と呼びます。トヨタとGMの利得表を表4-2（a）に示しました。

　ここでは，互いに「開発する」を選んで中国市場に進出すると2企業間の競争によって十分な利益が得られず，開発費のほうが大きくなり，全体として20の損失が両企業とも出ます。また，互いに「開発をしない」を選べば，何もしないため損得なしで，両企業とも利得はゼロとなります。一方の企業が「開発する」を選んで，他方が「開発しない」を選べば，開発する企業は中国市場を独占できるため80の利益が得られ，「開発しない」を選んだ企業の利得はゼロとなります。

　以上のようなトヨタとGMの開発戦略の間で生じる利得の関係から，もしGMが「開発する」を選べば，トヨタは開発するなら20の損失，開発しないなら損失ゼロであるから，「開発しない」を選びます。もしGMが「開発しない」を選べば，トヨタは開発するなら80の利益を得る一方，開発しないなら利得はゼロであるから，「開発する」を選びます。これと同じことは，GMについてもいえます。結局，トヨタが開発すれば，GMは開発しないことになり，GMが開発すればトヨタは開発しないことになります。最終的に，このどちらになるかは不明となります。

ここで、日本の政府は、トヨタがハイブリッド車を開発するなら30の補助金をトヨタに出すという政策をとったとしましょう。このとき表4-2（a）の利得表はトヨタの開発するときの利得に30が加わるため、表4-2（b）のようになります。

　この場合、トヨタはGMが開発するなら「開発する」を選ぶと10の利益を得られ、「開発しない」を選ぶと利得はゼロになるため、「開発する」を選ぶことになります。もし、GMが開発しないならトヨタは「開発する」を選ぶと110の利益を得られ、「開発しない」を選ぶと利得ゼロとなるため、この場合も「開発する」を選びます。すなわちトヨタはGMが開発する、しないにかかわらず「開発する」を選ぶため、GMは「開発しない」を選ばざるを得なくなります。その結果、トヨタは110の利得を得て、GMは利得ゼロとなります。日本の利益はトヨタの利益の110から政府の支出した補助金の30を差し引いた80で、アメリカの利益はゼロとなります。

　このような戦略的に貿易に介入する政策をとることで、政府は自国の利益を増加することができるのです。

表4-2　トヨタとGMの利得表

（a）戦略的貿易政策

GM \ トヨタ	開発する	開発しない
開発する	−20, −20	80, 0
開発しない	0, 80	0, 0

（b）政府の補助金と戦略的貿易政策

GM \ トヨタ	開発する	開発しない
開発する	−20, 10	80, 0
開発しない	0, 110	0, 0

（注）各ます目の左側の数字はGMの利得、右側の数値はトヨタの利得を表す。

第5章
世界の貿易体制と日本の貿易

🌏 日本の貿易（1）——石油危機以前まで

　現在の日本は，世界有数の経済大国として豊かな経済生活を送っています。日本がこのような豊かな国を築き上げることができた一つの要因は，世界と活発な貿易を行ってきたことです。

　もともと日本は人口が多い割に国土が狭く，石油や鉄鉱石などの天然資源も乏しい国です。そこで，海外から天然資源を輸入して，日本の豊富な労働力と高い生産技術力によって，輸入した資源をもとに自動車や電気製品などのさまざまな製品を生産して海外に輸出するという**加工貿易国**として経済を発展させてきました。

　第2次世界大戦の敗戦によって，日本は焼け野原になりました。工場や生産機械などの生産設備はゼロとなり，あるのは戦前に培われた労働者のもつ生産技術でした。明治維新によって，時の政府が経済発展のために掲げた富国強兵と殖産興業のスローガンのうち，戦後は富国強兵を捨てて殖産興業のみに専念して経済復興を図りました。

　大戦後の東西冷戦の中で，日本はアメリカの後押しによって，太平洋における東側の大国である中国やソ連にたいする防波堤としての役割が期待され，西側陣営に組み込まれていきました。

　経済面でのこのような具体的な動きとしては西側先進国を中心とする**IMF（国際通貨基金）**への1949年の加盟や**ガット（GATT）**への1955年の加盟があります。なかでも，ガットは自由貿易を推進する役割を担っているため，ここに加盟することは欧米先進国を中心とする自由貿易への参加を意味します。

　敗戦により生産面での大きな打撃を受けた日本がこれらの世界の国々と対等に競争をすることは，日本の経済発展にとってマイナスとなるのではないかと考えられていましたが，ガットに加盟し，世

表5-1 国際経済をめぐる日本と世界の出来事①(戦後〜1999年)

1945年	第2次世界大戦終結
1947年	IMF(国際通貨基金)の設立
1948年	GATT(関税と貿易に関する一般協定)の成立
1949年	日本の為替レートが1ドル=360円に固定される
1952年	日本のIMF加盟
1955年	日本のGATT加盟
1958年	EEC(欧州経済共同体)の発足
1960年	中東の主要な産油国からなるOPEC(石油輸出国機構)の結成/先進国を中心とするOECD(経済協力開発機構)の発足
1963年	GATTの基本的ルールにしたがう義務をもつGATT11条国への日本の移行
1964年	品目別に外貨を割り当てることをしないIMF8条国への日本の移行/日本OECDに正式加盟/多国間関税引き下げ交渉であるGATTケネディ・ラウンド(〜1967年)
1967年	欧州共同体の設立。ASEAN(東南アジア諸国連合)の結成/日米繊維交渉(〜1972年)
1971年	ドルと金の交換の停止(ニクソン・ショック)
1973年	日本を含めて主要先進国はドルとの固定為替相場制から変動為替相場制に移行/多国間関税引き下げ交渉のためのGATT東京ラウンド(〜1979年)/第1次石油危機
1978年	中国の改革派指導者鄧小平による「改革・開放」政策の導入/第2次石油危機
1981年	日本の自動車の対米自主輸出規制
1982年	アメリカの財政収支と経常収支の赤字(双子の赤字)の進行
1985年	先進5カ国蔵相会議(G5)でドル安の容認を合意(プラザ合意)/日本の半導体の対米自主輸出規制
1986年	農業問題やサービス貿易などの交渉のためのGATTウルグアイ・ラウンド(〜1994年)
1989年	日米貿易摩擦の解決のための日米構造協議の開始/APEC創設
1990年	東西ドイツの統一
1991年	ソビエト連邦の崩壊
1993年	EU(欧州連合)の成立
1994年	北米自由貿易協定(NAFTA)の発効/日本の円が1ドル100円を割る
1995年	WTO(世界貿易機関)の発足/日本の円が1ドル80円以下を記録する
1997年	アジア金融危機、タイをはじめとじてインドネシアや韓国などに波及
1999年	欧州共通通貨ユーロの導入

界の国々と活発に貿易を行うことで、日本はその恩恵を大きく受けることになりました。

🌐 日本の貿易(2)——日米貿易摩擦

1970年代に入り、世界経済を揺るがした1973年の**第1次石油危機**と1978年の**第2次石油危機**を経験して、日本は大量のエネルギーを生産に必要とする重厚長大型の産業からエネルギーをそれほど必要としない軽薄短小型の産業に産業構造を**転換**させていきます。そして輸出品目はこのころから家電製品や小型自動車、工作機械、半導体が主要な品目となっていきます。輸出における1980年以降の機械機器の比重の大幅な伸びはこれらの影響によるものです（**図5-2**参照）。

とくにアメリカへのこれらの品目の輸出が急増し、アメリカは経常収支の大きな赤字を記録するようになり、またアメリカ国内の産業も日本製品が国内市場に流入することで大きな打撃を受けるようになりました。そのため、日本とアメリカの間での**貿易摩擦**が激化していきました。

アメリカは当初、国内への輸入の多い品目について日本に**自主輸出規制**などによる対応を迫りましたが、次から次へとそのような輸出品目が現れるため、やがて日本の輸出全体を包括的に押さえるような政策をとるようになりました。さらにアメリカの経常収支の赤字は日本の市場が海外製品に対して閉鎖的であるためとして、1989年から始まった**日米構造協議**において日本に対して市場開放を求めてきました。

コラム　日米構造協議

　1980年代になると，日本の経常収支の黒字とアメリカの経常収支の赤字が拡大するようなり，日米間での貿易の不均衡がアメリカにおいて問題とされるようになりました。このような両国間の貿易の不均衡による貿易上の問題は日米貿易摩擦といわれています。この不均衡是正のために，当初，アメリカは日本が大量に輸出をしている自動車や半導体，工作機械などの個別の品目について，日本が自主的に輸出を規制するように要求をしていました。

　しかし，1985年のプラザ合意以降の急激な円高にもかかわらず，日本の対米貿易黒字は拡大し，1987年には520億ドルを記録しました。個別の品目への規制のみでは規制のかけられていない品目が次々と現れて，日米間の貿易の不均衡を拡大するため，根本的な解決にならないとして，アメリカは両国の経済構造や国内の制度や商慣行を問題とするようになりました。そして貿易の不均衡を生み出す主な原因は日本の市場の閉鎖性にあるとして1989年から1990年にかけて，貿易不均衡の解消のため，日米間で両国の経済構造を改善することを目的とした協議がもたれました。

　この協議におけるアメリカの目的は，日本の経済構造を変えることによって，アメリカの企業の競争条件を日本国内で日本企業と同じにして，自国の製品を日本国内に浸透させることにありました。日本側の改善策として，公共投資の拡大による貯蓄・投資バランスの改善や，国内の土地利用の促進のための税制改革，国内の流通制度の改善，独占禁止法の強化，内外価格差の是正措置などが決まりました。

表5-2　国際経済をめぐる日本と世界の出来事②（2000年～現在）

2000年	中国のWTOへの加盟
2001年	アメリカで同時多発テロによる世界貿易センタービルの崩壊
2002年	鄧小平の南方視察講話をきっかけとして社会主義市場経済を導入（中国）／日本とシンガポールの間での経済連携協定締結／WTOドーハ・ラウンド交渉開始
2003年	狂牛病などで日本はアメリカ産牛肉の輸入を禁止／感染症SARS流行
2004年	日本とメキシコの間での経済連携協定の締結／アジアで鳥インフルエンザ流行
2007年	日本とタイの間での経済連携協定の発効
2008年	アメリカのサブプライムローン問題が世界経済を直撃／リーマン・ブラザーズ破綻
2009年	EU，リスボン条約発効

日本の貿易(3)——アジアとの関係

1990年代になると、東側社会主義国の崩壊によって、資本主義経済の一極化と、情報通信革命といわれるような情報技術の飛躍的な進歩によって、世界のグローバル化が進展するようになります。

このような中で、タイやインドネシア、フィリピンなどのASEAN諸国を中心とする東アジアの急速な経済成長や社会主義国である中国の市場経済の導入によって、急成長する東アジア経済が「東アジアの奇跡」として世界の注目を集めるようになり、日本もアジアとの貿易を増やしていくことになります。東アジアはその後、1997年に東アジアを襲った金融危機によって、1998年の経済成長率は多くの国でマイナスとなりますが、この危機を克服してふたたび成長を続けてきています。このような東アジアの経済成長の様子は図5-1によって確かめられるでしょう。

次頁の図5-2からわかるように、戦後しばらくの間の日本は繊維を中心とする軽工業品を輸出し、原材料を輸入するという貿易パターンをとっていました。

しかし、日本は潜在的に高い技術力をもっていたため、資本設備が充実してくるにつれて、重工業品の生産にウエイトが移り、1960年代後半から70年代はじめにかけては、鉄鋼を含む金属や、船舶を含む機械機器が輸出の主要品目となってきました。

また、円高による日本国内の労働コストの上昇によって、日本企業は生産コスト面で海外企業との競争力を維持するため、労働コストの安いアジアに生産拠点をシフトさせていきます。これは電化製品や自動車部品などの製造業部門の企業に多くみられました。このように企業が生産拠点を海外に移して日本から出て行くことは、日本国内の産業の空洞化という現象を引き起こしました。

コラム　東アジアの金融危機

　1990年代に入り東アジアの国々は，経済発展のために積極的に外国からの資本を受け入れました。そして世界が目を見張る高成長を達成したのです。これは当時，世界銀行によって「東アジアの奇跡」といわれたのですが，その結果，アメリカや日本，ヨーロッパなどから，東アジアの高成長による利益を求めて，東アジアに大量の資本が流入しました。とくにタイでは経済の急激な膨張によって資金が不足したため，短期資本も積極的に受け入れるような政策をとるようになっていました。

　このような背景のもと，1997年に入り東アジアのタイに異変が起こりました。タイの過熱した経済は今後冷え込むと予想した外国の資本，とくに短期資本が引き上げにかかったのです。すなわち外国為替市場で大量のタイの通貨であるバーツが売られました。当初，タイ政府は売られたバーツを買うことによってバーツの価値を維持しようとしたのですが，1997年夏になってタイ政府はバーツの買い支えを放棄せざるを得ず，バーツは暴落しました。そして半年後にはバーツは50％以上の下落をしたのです。

　タイを襲ったこの金融危機は近隣の東アジア諸国に大量の投資をしていた海外の投資家のパニックを引き起こし，大規模の資本逃避が連鎖的に起こりました。それによって，インドネシア，マレーシア，韓国などの国の通貨や，株式，債券が大暴落となります。結局1998年度の国内総生産は前年度比でタイでは8％減，インドネシアでは14％減，マレーシアと韓国では6％減となったのです。

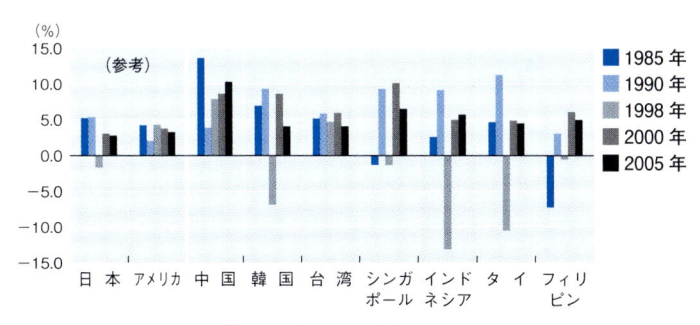

図5-1　東アジアの経済成長率

（データ）　内閣府（2006）『世界経済の潮流　2006年秋』
（注）　各国の通貨建てをドル換算にした値をもとに計算している。

多くの日本企業が生産拠点を海外に移すことで、日本はアジアとの貿易を大きくするのみでなく、貿易するものの内容も変わってきました。かつての日本の貿易のパターンは原材料を輸入して、日本の国内で原材料から製品をつくり、それを輸出していましたが、アジアに生産拠点が移ることによって、電化製品やパソコンなどはアジアで生産したものを日本に輸入するようになり、また自動車などは部品の一部をアジアで生産してそれを日本に輸入し、日本で組み立てるようになりました。したがって、日本は原材料の輸入のみならず、製品の輸入が大きな割合を占めてくるようになりました。

一方輸出は、途上国の技術では生産できないような高度な生産技術を必要とする製品や、世界の各国で生産されたさまざまな部品を日本に集めて最終的に日本で組み立てて、それを輸出するというパターンが多くなりました。

たとえば、電化製品でも比較的簡単な技術で生産できるものは海外で生産してそれを日本に輸入し、日本の国内で販売し、高度な技術を要するものは日本で生産して一部を海外に輸出するということになり、同一産業内の製品が輸出と輸入の両方向に現れるようになりました。また自動車産業に代表されるような部品を多く必要とする産業でも、部品の輸入と完成車の輸出によって、同一産業内で、輸入と輸出が同時に現れるようになりました。

従来の貿易は、ある産業の製品を輸出し、そのかわりに別の産業の製品を輸入するという産業間貿易が主流でしたが、1990年代以降は同一の産業内の製品が輸出も輸入もされるという貿易のパターンが顕著になってきています。図5-2をみると、1990年代の輸入は原材料に比べて機械機器の割合が高くなってきていることがわかります。

日本の貿易(3)──アジアとの関係

(a) 輸　　出

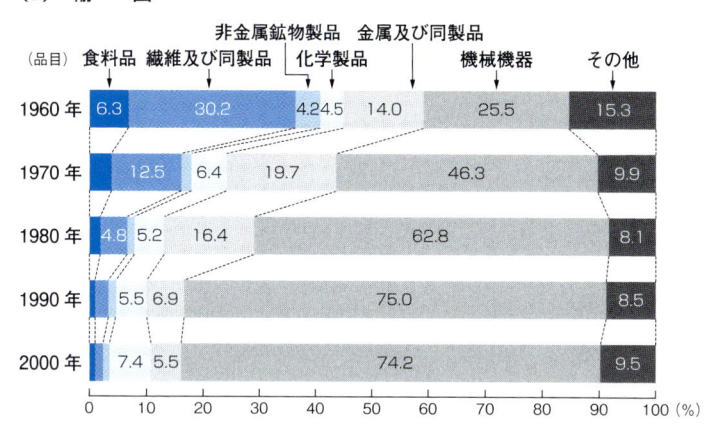

（品目）　食料品　繊維及び同製品　非金属鉱物製品　金属及び同製品
　　　　　　　　　　　　化学製品　　　　　機械機器　　その他

年	食料品	繊維及び同製品	非金属鉱物製品	化学製品	金属及び同製品	機械機器	その他
1960年	6.3	30.2	4.2	4.5	14.0	25.5	15.3
1970年		12.5	6.4	19.7		46.3	9.9
1980年	4.8	5.2		16.4		62.8	8.1
1990年		5.5	6.9			75.0	8.5
2000年		7.4	5.5			74.2	9.5

(b) 輸　　入

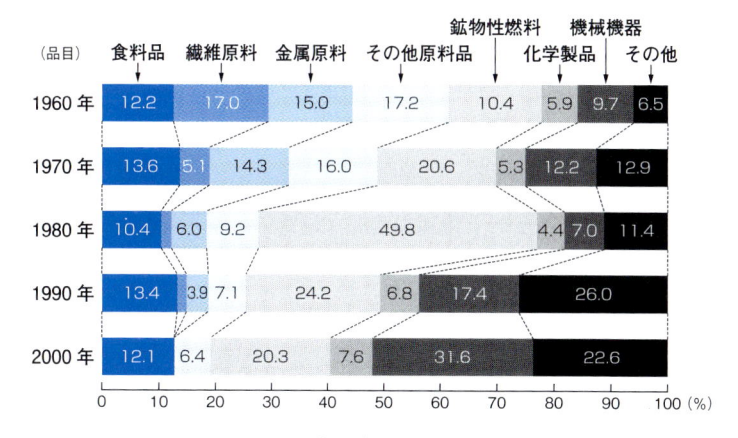

（品目）　食料品　繊維原料　金属原料　その他原料品　鉱物性燃料　化学製品　機械機器　その他

年	食料品	繊維原料	金属原料	その他原料品	鉱物性燃料	化学製品	機械機器	その他
1960年	12.2	17.0	15.0	17.2	10.4	5.9	9.7	6.5
1970年	13.6	5.1	14.3	16.0	20.6	5.3	12.2	12.9
1980年	10.4	6.0	9.2	49.8		4.4	7.0	11.4
1990年	13.4	3.9	7.1	24.2	6.8	17.4	26.0	
2000年	12.1	6.4	20.3	7.6	31.6		22.6	

図5-2　日本の輸出入の品目構成比

（出所）　伊藤元重（2005）『ゼミナール国際経済入門［改訂3版］』日本経済新聞出版社
（資料）　日本関税協会「外国貿易概況」

1990年代以降，機械機器は輸出と輸入の両方において比重が大きくなっています。このような貿易のパターンは，第3章でも説明した**産業内貿易**と呼ばれ，日本のみならず多くの先進国でみられるようになっていて，**現代の国際貿易の特徴**となっています。

日本は，1980年代後半に始まったバブル経済が1990年代前半に崩壊して，それ以降およそ10年間にわたる**経済不況**を経験することになります（**失われた10年**）。国内の需要の低迷の中で，日本は経済の支えのよりどころを外需，すなわち輸出に求めました。この時期，輸出がさらに増え，経常収支の黒字も膨らんでいきました。また13億という巨大な人口を抱える隣国中国の急速な経済成長によって，図5-3をみるとわかるように，2000年に入り，**中国との貿易**が急速に伸びていくようになりました。

世界の貿易体制──ガット（GATT）

第2次世界大戦前の世界経済は，1929年のアメリカでの株の大暴落に始まる**大恐慌**によって，世界的な不況下にありました。各国はこの不況を克服するために，輸入品に関税をかけ，自国企業を海外との競争から守るという**保護主義的な政策**をとりました。

たとえばアメリカでは1930年に輸入関税を大幅に引き上げる法案「スムート・ホーレイ関税法」が成立しました。各国が競って輸入品に関税をかけあうことで，世界の貿易は縮小していきました（図5-4）。その結果，十分な海外市場を確保できない国は武力を用いて新しい市場を開拓しようとしました。

これが第2次世界大戦につながったという反省から，戦後，欧米先進国を中心として，**自由貿易を推進するための貿易体制**について話しあわれました。

世界の貿易体制——ガット（GATT）　　123

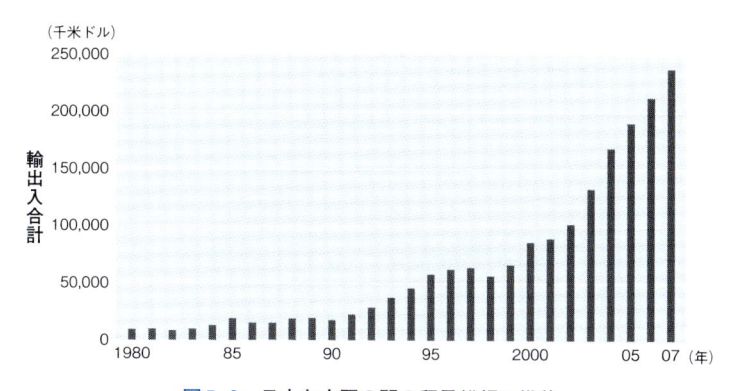

（千米ドル）

図5-3　日本と中国の間の貿易総額の推移
（出所）　外務省「日中貿易額の推移」のデータより作成
http://www.mofa.go.jp/mofaj/area/CHINA/boeki.html

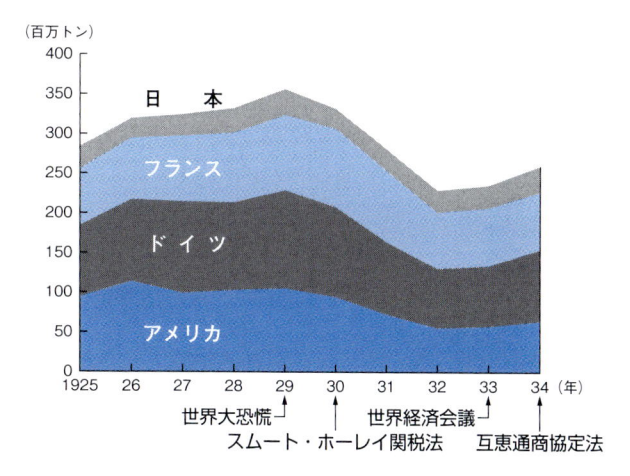

（百万トン）

日　本
フランス
ドイツ
アメリカ

世界大恐慌　　　　　世界経済会議
　　　スムート・ホーレイ関税法　　互恵通商協定法

図5-4　1930年前後の世界貿易の推移
（出所）　通商産業省（1989）「平成1年版　通商白書」より一部改変
（資料）　国際連盟 *Statistical Year-book of the League of Nations*.
（注）　貿易の推移は，アメリカ，日本，ドイツ，フランスの重量ベース（輸出および輸入）。

その結果、国際協定「**関税と貿易に関する一般協定**」（General Agreement on Tariffs and Trade）が1948年にアメリカを含む23カ国によって発効しました。これは英文の頭文字を取って**ガット**（**GATT**）と呼ばれています。日本は1955年にガットに加盟しました。

ガットの目的は自由貿易を推進することによる**貿易の拡大**と貿易国間で生じる**貿易上の紛争の処理**による貿易の促進にあります。そのための主要な基本的ルールとして、ガットには**最恵国待遇の原則**と**内国民待遇の原則**が定められています。

最恵国待遇の原則とは、ある国に与えた待遇は他のすべての国に与えなくてはならないというものです。たとえばある国からの自動車の輸入にかける関税を10％から5％に引き下げた場合、すべての国からの自動車の関税は5％に引き下げなくてはならないということを意味します。

内国民待遇の原則とは国内製品に適用されている税金や規則と同じ条件を外国製品に対しても適用しなくてはならないというもので、たとえば国産のビールに酒税をかけるときは外国産のビールに対してもこれと同じ率の酒税を適用しなくてはならないことを意味します。

これら2つの原則はまとめて**無差別待遇の原則**といわれます。ガットのその他の基本ルールには、輸入数量を直接規制する**数量制限の禁止**や**関税の漸進的引き下げ**のルールがあります。

しかし、これらのルールが現実にはすべての国に厳密に適用されているわけではありません。貿易上の競争に不利な立場に置かれやすい途上国の製品に輸入には差別的に低い関税の適用や、輸入の急増によって国内産業が大きなダメージを受ける場合には一時的に国

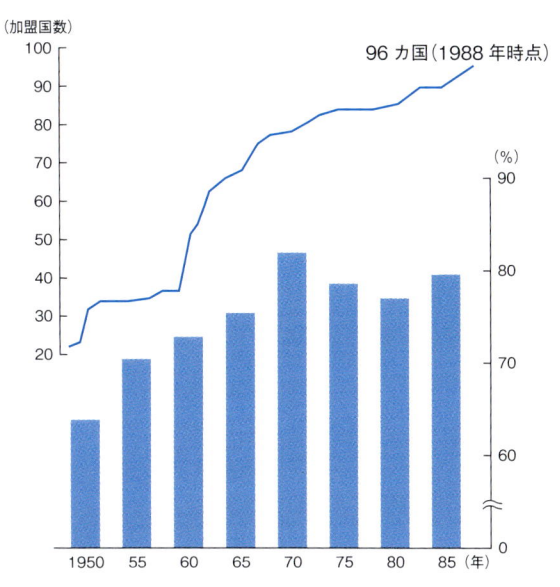

世界の貿易体制——ガット（GATT）　　125

図5-5　ガット加盟国数と加盟国の世界貿易（輸出）に占めるシェアの推移
（出所）　通商産業省（1989）「平成1年版　通商白書」
（資料）　UN *YITS*.

> **キーポイント　ガットの基本原則**
>
> ● 最恵国待遇の原則……ある国に与えられた待遇は他のすべての国にも与えなくてはならない。
>
> ● 内国民待遇の原則……国内の企業や製品に適用している規則や原則と同じ条件を外国の企業や製品に与えなくてはならない。

内産業を守るための輸入数量制限の適用などが認められています。

発展の度合いや国内事情の異なるさまざまな国が参加しやすいように、このような例外的な措置をとることで、ガットは貿易上の種々の問題に柔軟に対応して、その機能を発揮してきました。

🔵 ガットの多角的関税引き下げ交渉（ラウンド）

ガットのルールの一つに関税の漸進的引き下げがあります。そのためにすべての加盟国が一同に会して、多数の品目に関して、関税の引き下げやその他、いろいろな貿易障壁の削減について話しあう一般関税交渉が行われます。このように、多くの品目を取り上げて多くの国が同時に話しあうような多角的貿易交渉の場を、ガットではラウンドと呼んでいます。

ガットでは合計8回のラウンドが開催されてきました。1947年から1950年代までの5回のラウンドでは参加国は毎回20～30カ国程度でしたが、1964年から1967年にかけてアメリカで開催されたケネディ・ラウンドでは参加国も40カ国以上となり、また関税の引き下げ品目数、引き下げ率ともに大幅なものとなり、規模と成果の両面で成功を収めました。

つづいて、第7回の1973年から1979年にかけての東京ラウンドは、約100カ国の参加のもと日本が関税引き下げに積極的役割を果たし、ケネディ・ラウンドに匹敵する関税の引き下げが品目数と率の両面で実現しました（図5-6）。

第8回目のラウンドはウルグアイ・ラウンドといわれ、1986年から1994年にかけて開催されました。ここでも123カ国とEU（欧州連合）の参加のもと、関税の引き下げ品目数と引き下げ率の両面で大きな成果を収めました。ここではさらに非関税障壁の削減や、輸

キーポイント　ガットの主要なラウンド

- **ケネディ・ラウンド（第6回目のラウンド）**：1964年から1967年にかけてアメリカで開催された。40カ国以上の参加のもとで大幅な関税の引き下げが行われた。

- **東京ラウンド（第7回目のラウンド）**：1973年から1979年にかけて日本で開催された。約100カ国の参加のもとでケネディ・ラウンドに匹敵する大幅な関税の引き下げが行われた。

- **ウルグアイ・ラウンド（第8回目のラウンド）**：1986年にウルグアイで開始され，その後スイスに場所を移し1994年に終えた。123カ国とEUの参加のもと，関税の引き下げのほか，サービスの国際的取引や知的所有権の取り扱いなどが協議された。

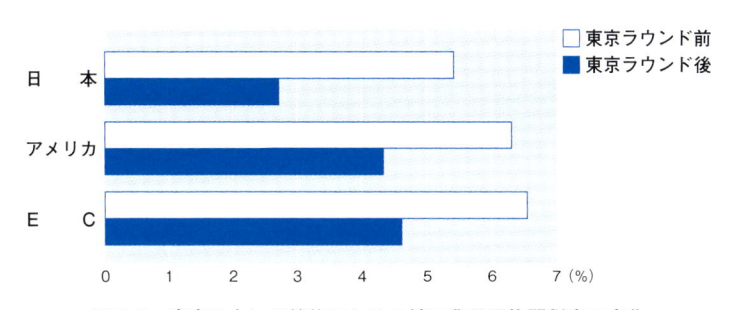

図5-6　東京ラウンド前後における鉱工業品平均関税率の変化
（出所）　通商産業省（1989）「平成1年版　通商白書」
（資料）　GATT
　（注）　東京ラウンド前の税率は1976年譲許税率，東京ラウンド後の税率は1987年東京ラウンド最終譲許税率。

送，金融・保険，建設などのサービスの国際間取引に関する国際的なルールや知的所有権についての取り扱いなどが協議されました。

また，このラウンドで初めて**農産物の貿易**が交渉議題となりました。食糧の確保はすべての国にとっての死活問題であるため，農業分野の貿易の自由化については，積極的な話し合いが行われきませんでした。しかし，これまでの何回かのラウンドによって，ほとんどの品目について関税がかなり引き下げられてきたことにより，農業のみを例外とするわけにはいかなくなり，農業産物の貿易の自由化がこのラウンドで積極的に取り上げられました。

農産物については，輸出国アメリカと自給率維持を確保したいEUの間で交渉が難航しましたが，国内の農業保護の手段を関税のみに限定して，関税を含めてすべての国内農業保護の程度を漸次削減するということで合意に達しました。

日本は国内の農業を守るために農産物の自由化に強く反対し，コメの輸入を認めてきませんでしたが，貿易の自由化の動きの中でコメの輸入を認めることになりました。日本のコメの場合はいきなり関税措置のもとでの輸入の適用ではなく，例外的に1999年までは一定量の輸入を受け入れることを条件に輸入数量制限が認められ，それ以降関税措置に移行することになりました。そして実際は1999年4月から関税による輸入に移行しました。

ガットはウルグアイ・ラウンドを最後にその役割を終えて，1995年から，貿易の自由化のいっそうの推進のため，さらに幅広い貿易上の問題を処理していくための国際的な機関である世界貿易機関（WTO）に引き継がれていくことになりました（図5-7）。

市場アクセス			ルール整備				その他
	鉱工業関税 (45000品目)	1947年 第1回関税交渉					
		1948年 ガット発足	ガット				
	鉱工業関税 (計21000品目)	第2-5回関税交渉					
	鉱工業関税 (30300品目)	1964-67年 ケネディ・ラウンド		AD			
	鉱工業関税 (33000品目)	1973-79年 東京ラウンド(99カ国)		AD, TBT, 政府調達, 補助金等			
農業 サービス	鉱工業関税 (305000品目)	1986-94年 ウルグアイ・ラウンド (124カ国)	ガット 1994	AD, TBT, 政府調達, 補助金等	TRIPS, 繊維, 原産地規則, TRIMs		
		1995年 WTO発足					
農業 サービス	鉱工業関税	2000年以降 今後の課題	地域 統合	貿易円滑化, AD, TBT	TRIPS	投資, 競争, 電子商取引	労働, 環境

図5-7 ガットの各ラウンド交渉の対象範囲および関連の議論
(出所) 通商産業省(2000)「平成12年版 通商白書」より作成
(注) AD:アンチダンピング,TBT:国際標準,TRIPS:知的所有権,TRIMs:貿易関連投資借置を示す。労働,環境については,次期ラウンド交渉に向けて関連の議論が行われている。

ガットからWTOへ

もともとのガットは、貿易の自由化促進のために、関税の引き下げを目標の中心として多くの国が集まって交渉するための協定でした。したがって、組織として貿易上の問題を解決するという機能に欠けていました。

時代の変化とともに、貿易の内容もモノのみではなく、運輸、保険・金融サービス、建設などのサービス貿易が占める割合も大きくなってきました。さらに国際間での経済的な取引上の問題となりやすい知的財産権の扱いや、モノの安全の基準、医師や弁護士の資格の問題などの国際的なルール作りの必要性も大きくなってきました。

ガットのウルグアイ・ラウンドでは、こうした問題の話し合いも部分的に行われましたが、これらの問題を扱うためにふさわしい組織を新しくつくることがこのラウンドで決まりました。とくに組織とすることによって貿易上の国際間の紛争の解決や処理をしやすくすることにもなります。このようにして1994年のウルグアイ・ラウンドの終結と同時に1995年から発足したのがWTO（世界貿易機関；World Trade Organization）です（図5-8）。

WTOは1995年に76カ国の国と地域の参加で発足しましたが、2009年9月現在の時点で、153の国と地域が参加しています。このような多くの地域と国の参加はWTOへの強い期待感の現れとみることができます。とくに貿易上の国際間紛争の解決の場としてのWTOへの期待が大きくなっています（表5-3）。実際、ガットが扱っていた紛争件数が年平均10件程度であったものがWTO発足後2004年2月までに306件の紛争協議要請がありました。とくに途上国の貿易に関する紛争件数が増加してきています。そのため途上国の積極的なWTOへの参加が顕著となっています。

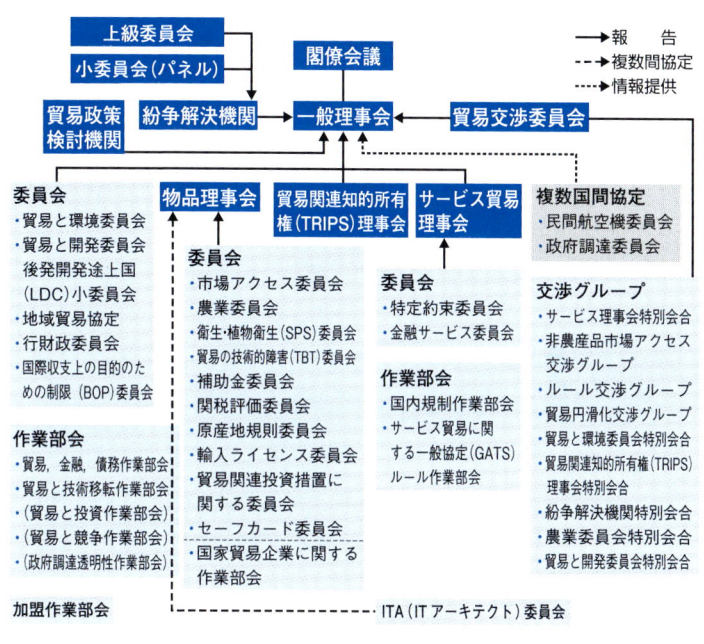

図5-8 WTOの機構図

```
                    凡例:
                    → 報告
                    --→ 複数間協定
                    ·····→ 情報提供

  上級委員会
  小委員会(パネル)     閣僚会議

  貿易政策     紛争解決機関 ── 一般理事会 ── 貿易交渉委員会
  検討機関

委員会        物品理事会   貿易関連知的所有  サービス貿易   複数国間協定
・貿易と環境委員会              権(TRIPS)理事会  理事会      ・民間航空機委員会
・貿易と開発委員会                                     ・政府調達委員会
 後発開発途上国   委員会                   委員会
 (LDC)小委員会  ・市場アクセス委員会        ・特定約束委員会   交渉グループ
・地域貿易協定   ・農業委員会             ・金融サービス委員会 ・サービス理事会特別会合
・行財政委員会   ・衛生・植物衛生(SPS)委員会                ・非農産品市場アクセス
・国際収支上の目的のた ・貿易の技術的障害(TBT)委員会            交渉グループ
 めの制限(BOP)委員会 ・補助金委員会           作業部会      ・ルール交渉グループ
             ・関税評価委員会          ・国内規制作業部会 ・貿易円滑化交渉グループ
作業部会       ・原産地規則委員会          ・サービス貿易に関  ・貿易と環境委員会特別会合
・貿易,金融,債務作業部会 ・輸入ライセンス委員会        する一般協定(GATS) ・貿易関連知的所有権(TRIPS)
・貿易と技術移転作業部会 ・貿易関連投資措置に         ルール作業部会   理事会特別会合
・(貿易と投資作業部会)  関する委員会                        ・紛争解決機関特別会合
・(貿易と競争作業部会)  ・セーフガード委員会                    ・農業委員会特別会合
・(政府調達透明性作業部会) ・国家貿易企業に関する                  ・貿易と開発委員会特別会合
              作業部会

加盟作業部会  ················· ITA(ITアーキテクト)委員会
```

(出所) 外務省ウェブページ

表5-3 WTOの紛争解決手続の特徴

1. **一方的措置の禁止**：その市場が閉鎖的であるとして一方的に関税を引き上げたり、その他の貿易制限措置を実施することはWTO協定違反になる。

2. **紛争解決手続の自動制**：コンセンサス（異議が出されないこと）によって、反対されない限り決定される方式をとり、ほぼ自動的に決定が行われ紛争解決手続が進行する。

3. **期限の設定**：紛争解決の遅延防止のため、各手続に期限を設ける。

4. **上訴制度の導入**：パネル（小委員会）で示された判断に不服があれば上訴委員会に申し立てができる。

(出所) 外務省ウェブページより作成

ガットでは紛争解決は当事者国間による協議を重視していましたが、WTOでは紛争が生じた場合、はじめに当事者国間で協議を行い、一定期間内に解決しない場合には、WTOの紛争解決機関がより積極的に紛争解決にあたるようになっています。またアメリカの通商法301条のように加盟国が独自に相手国に制裁を加えることはWTOでは禁止されています。

WTOでは分野ごとの常設の理事会と一般理事会に加えて、2年に少なくとも1回の閣僚会議が開催されることになっています。今までの閣僚会議は表5-4のようになっています。自由貿易の促進という目的に対しては、それが必ずしも途上国の経済発展と結びつかないことから、閣僚会議では、**先進国と途上国の間での対立**が目立つようになってきています。また貿易の促進や市場開放は**環境破壊**を大きくするという意見も現れて、閣僚会議における意見の集約が困難になったこともあります。

ガットのときには出なかった多様な問題がWTOでは議論されるようになり、国際貿易に関連するさまざまな問題の話し合いの場としてのWTOの役割は、ますます重要となってきています。

● 地域経済統合への動き

1989年のベルリンの壁の崩壊や1991年のソ連の解体等で東側社会主義体制が消滅し、90年代に入ってからはアメリカを代表とする資本主義諸国を中心に市場経済への一極化が進みました。また情報通信革命といわれるような情報通信技術の急速な発達もありました。このような大きな時代の変化は世界経済の急速なグローバル化をもたらしました。

その一方で、1993年には西欧の国を中心に**EU（欧州連合**；

表5-4 WTO閣僚会議の開催

開催回	開催年	開催場所（国）
第1回	1996	シンガポール（シンガポール）
第2回	1998	ジュネーブ（スイス）
第3回	1999	シアトル（アメリカ）
第4回	2001	ドーハ（カタール）
第5回	2003	カンクン（メキシコ）
第6回	2005	香港（中国）

表5-5 ドーハ・ラウンドの主要な交渉分野

農　　業	関税・国内補助金の削減，輸出補助金の撤廃等に関する交渉
NAMA （鉱工業品分野）	鉱工業品及び林水産品の関税・非関税障壁の削減等に関する交渉
サービス	サービスの市場アクセス（外資規制等），国内規制（免許制等），サービス分野におけるルール（セーフガード等）に関する交渉
ルール	ダンピング防止及び補助金（漁業補助金を含む）についてのルールに関する交渉
貿易円滑化	貿易手続の透明性・予見可能性・公平性の向上，簡素化・迅速化の促進を目的とする交渉
開　　発	途上国に対する「特別かつ異なる待遇」（S&D）の検討，途上国に対する「貿易のための援助」の促進
TRIPS （知的財産権）	地理的表示（GI）の多国間通報登録制度の設立等
環　　境	環境物品の関税等の削減・撤廃等

（出所）　外務省ウェブページ

WTOでは，2001年からドーハ開発アジェンダ（DDA）交渉が行われています。今回のラウンドでの問題点は，農業・工業品・サービス貿易の自由化，貿易ルールの問題，知的財産権の保護の問題，貿易紛争の解決制度の問題などとなっています。

European Union) が結成され，ヨーロッパの一体化が進みました。EUは隣に旧社会主義諸国の東欧を市場圏として抱え，経済的に大きな勢力となりうる存在になりました。

また，東アジアにおいても，中進国の韓国，台湾，シンガポールなどに続いて，途上国であるタイ，マレーシア，インドネシア，フィリピンなどの**ASEAN**（**アセアン：東南アジア諸国連合**）各国が急速な経済成長をするようになってきました。このような世界情勢の中で，アメリカを中心とする経済の一極構造と同時に欧州経済圏や東アジア経済圏のそれぞれの圏内の経済取引の大きさも無視できなくなってきました。

このような経済圏のブロック化がみられるようになり，アメリカもそれに対抗するために1994年にカナダ，メキシコを加えて3カ国で**NAFTA**（**北米自由貿易協定**；North America Free Trade Area）を締結して，北米経済圏を形成しました。こうして，1990年代に入って，世界経済はグローバル化する一方で地域経済を**ブロック化**するような動きも活発になりました。

ガットやWTOは多国間での交渉を基本としており，またそこには経済の発展段階や経済事情の異なる国々の間での交渉になることから，交渉がまとまるまでに長い時間や大きな労力がかかります。たとえばウルグアイ・ラウンドでは1986年から1994年という長い年月をかけた交渉になりました。

そこで，比較的経済条件の似た少数の国同士が互いに自由な経済取引のできるような協定を締結するほうが，時間や労力をかけずに実現できるため，多くの国はこのような**地域経済圏の形成**を活発化させるようになりました。

こうした地域経済統合の動きは先進国のみでなく途上国にも広が

表5-6 代表的な地域経済統合

名　称	発足年	加　盟　国
NAFTA （北米自由貿易協定）	1994年	アメリカ，カナダ，メキシコ
AFTA （ASEAN自由貿易地域）	1993年	ブルネイ，インドネシア，マレーシア，フィリピン，シンガポール，タイ，ベトナム，ラオス，カンボジア，ミャンマー
APEC （アジア太平洋経済協力会議）	1989年	日本，アメリカ，カナダ，オーストラリア，ニュージーランド，韓国，インドネシア，マレーシア，フィリピン，シンガポール，タイ，中国，台湾，メキシコ，チリ等
EU （欧州連合）	1993年	当初加盟国は，フランス，ドイツ，イタリア，オランダ，ベルギー，イギリス，アイルランド，デンマーク，ギリシャ，スペイン，ポルトガル，オーストリア，スウェーデン，フィンランド，ルクセンブルグ。2004年にポーランド，ハンガリー，チェコ等の東欧諸国が加盟
MERCOSUR （南部南米共同市場）	1995年	ブラジル，アルゼンチン，ウルグアイ，パラグアイ

っており，2005年11月の時点で，186件の地域統合がWTOに報告されています。代表的な地域経済統合と日本の経済連携協定を，それぞれを表5-6と表5-7にあげておきます。

■ 本章のまとめ

　現在の日本は貿易大国として，世界との貿易によって経済的な繁栄をしています。第2次世界大戦後，アメリカを中心とする西側自由主義陣営の仲間入りをすることによって，順調に経済的な復興を果たしました。日本はもともと国土が狭く資源も乏しいが，比較的人口は大きく，優秀な労働力を抱え，技術力もあるため，外国から資源を輸入してそれを加工して製品にして輸出するという加工貿易国として成功してきました。1970年代の石油危機以降，自動車，半導体，工作機械などの対米輸出が大きく増加して，1980年代になって日米貿易摩擦を引き起こしました。

　しかし，1990年代に入ると東アジア経済の急速な成長が世界の注目となり，日本の貿易も東アジアとの比率が高くなっていきました。とくに近年では中国がアメリカ，ドイツと並ぶ世界の貿易大国となってきており，日本も中国との貿易が急速に伸びてきています。第2次世界大戦後の世界の貿易体制はアメリカを中心とする自由貿易を原則とするガットによって支えられてきました。ガットは自由貿易推進のための関税の引き下げ交渉が中心であったため，それ以外のさまざまな貿易問題をも含めて解決する機関としてのWTOが1995年に発足しました。また，このころから地域経済統合の動きや2国間自由貿易協定の締結が活発化してきました。日本も2000年以降，2国間自由貿易協定に積極的に取り組んできています。

本章のまとめ

表5-7　日本の経済連携協定の一覧

シンガポール	2002年11月発効 2008年1月改正版発効
メキシコ	2007年4月発効
マレーシア	2007年4月発効
チリ	2007年9月発効
タイ	2007年11月発効
インドネシア	2008年7月発効
ブルネイ	2008年7月発効
ASEAN全体	2008年12月発効
フィリピン	2008年12月発効
ベトナム	2008年12月署名
スイス	2009年2月署名
韓国	2003年交渉開始
GCC	2006年交渉開始
インド	2007年交渉開始
オーストラリア	2007年交渉開始

（出所）外務省経済局（2009）「日本の経済連携協定（EPA）交渉——現状と課題」2009年4月より作成
（注）GCC（Gulf Cooperation Council）はサウジアラビア，アラブ首長国連邦等でつくる湾岸協力理事会のこと。

コラム　日本の海外への直接投資

　日本の海外への直接投資を簡単にみてみましょう。1960年代は資本取引が厳しく制限されてきたためごくわずかでした。また，1970年代の直接投資は資源開発のために開発途上国への投資が中心でした。

　1980年代後半からは欧米との貿易摩擦を回避するため，電気機械，自動車などの分野において，現地生産を目的として直接投資が活発に行われるようになります。それに伴って，金融，保険不動産，サービス業などの直接投資も活発化しました。また80年代後半からは急激な円高によって，円の海外での購買力が大きくなったため，日本企業による欧米企業の買収も盛んに行われるようになります。ソニーによるアメリカのコロンビア映画会社の買収や三菱地所のロックフェラー・グループの買収が当時大きな話題をよびました。

　1990年代は円高により国内の人件費の高騰による国内生産費の上昇によって国際競争力が失われることから，タイ，マレーシア，フィリピン，中国のアジア地域への日本からの企業進出が製造業の分野で旺盛となります。これらの進出企業は現地で部品や製品を生産して，それを日本に逆輸入するものや，現地で生産してそれを現地で販売するものなどさまざまです。

　2000年代に入っても，アジアの経済成長は高い水準を維持しており，日本の海外への直接投資はアジア志向を今後も強めていくことが予想されます。

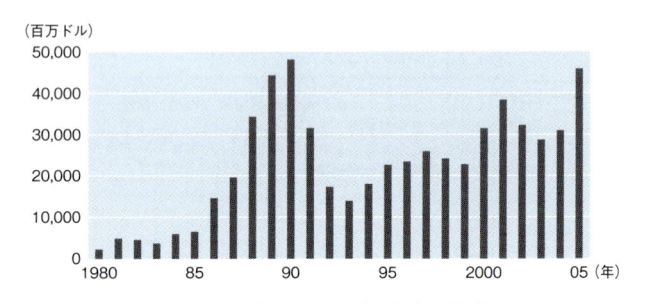

図5-9　日本の対外直接投資額の推移
（データ）　経済産業省（2007）「通商白書　2007年版」

第6章
国際収支統計と為替レート

国際収支統計

　ある国の財やサービス，金融資本の国際間取引を，ある一定期間体系的に記録したものを**国際収支統計**といいます。

　国際間取引とは，その国に居住している人々やその国に存在している企業等と，その国以外に居住している人々やその国以外に存在している企業等との間の経済取引を指します。通常1年間分の国際間取引を記録したものが，その国のその年の国際収支となります。日本の国際間取引の場合，外国人でも日本に1年以上居住していれば**日本の居住者**であり，日本における外国企業の支店は日本国内の企業となります。日本人でも海外で1年以上生活していれば**日本の非居住者**であり，日本企業の海外支店等は海外にある企業とみなします。国際間取引の額として大きいものは財・サービスの取引と金融資産の取引で，これらはそれぞれ経常収支と金融収支として分類されます。外貨準備の項目は金融収支勘定に計上されます。国際収支はこの2つの項目と，資本移転等収支および誤差脱漏の合計4つの項目で構成されます（**表6-1〜表6-3**参照）。

　経常収支は財・サービスの国際間取引を記録したもので，取引内容によって，さらに**貿易・サービス収支**，**第一次所得収支**，**第二次所得収支**に分類されます。貿易・サービス収支は自動車や石油のような財の輸出入取引を計上するような**貿易収支**と，輸送・旅行・通信・保険・金融等のサービス取引を計上する**サービス収支**に区別されます。第一次所得収支は**雇用者報酬**と**投資収益**があります。雇用者報酬は居住者が外国で得る労働報酬の受け取りを計上するものです。投資収益には居住者と非居住者の間における金融資産から発生する利子や配当の受け取り・支払いが計上されます。第二次所得収支には個人または政府による無償資金援助，国際機関への拠出金，

国際収支統計

表6-1 日本の国際収支（2018年）

(単位：億円)

経常収支	194,001
貿易・サービス収支	1,052
貿易収支	11,265
サービス収支	－10,213
第一次所得収支	212,980
第二次所得収支	－20,031
資本移転等収支	－2,105
金融収支	200,315
直接投資	148,047
証券投資	100,528
金融派生商品	1,239
その他投資	－76,127
外貨準備	26,628
誤差脱漏	8,419

(データ) 財務省ウェブページ

表6-2 日本の国際収支の推移

(単位：億円)

年	経常収支	貿易・サービス収支	第一次所得収支	第二次所得収支	資本移転等収支	金融収支	誤差脱漏
2010	193,828	68,571	136,173	－10,917	－4,341	217,099	27,612
2011	104,013	－31,101	146,210	－11,096	282	126,294	21,998
2012	47,640	－80,829	139,914	－11,445	－804	41,925	－4,911
2013	44,566	－122,521	176,978	－9,892	－7,436	－4,087	－41,217
2014	39,215	－134,988	194,148	－19,945	－2,089	62,782	25,656
2015	165,194	－28,169	213,032	－19,669	－2,714	218,764	56,283
2016	213,910	43,888	188,183	－21,456	－7,433	282,764	79,583
2017	227,779	42,206	198,374	－21,157	－2,872	176,642	－36,866

(データ) 財務省ウェブページ

労働者の送金などが計上されます。

資本移転等収支には固定資産の取引を計上する資本移転と非生産非金融資産（たとえば特許権や著作権等）等の取引を計上するその他資産に区別されます。**金融収支**は直接投資，証券投資，金融派生商品，その他投資および外貨準備に区別されます。**直接投資**とは海外工場の建設，子会社・支店の設立，海外企業の買収などで，経営権を伴う企業の海外での設立のことです。**証券投資**は経営権を伴わない株式や債券の交際間の売買です。**その他投資**は直接投資，証券投資，金融派生商品，外貨準備のいずれにも該当しない金融取引を計上します。**外貨準備**は通貨当局の管理下にあるすぐに利用可能な対外資産の増減を計上します。**誤差脱漏**は統計上の誤差を調整するための項目です。

以上で説明した国際収支表は2014年に改定された後の新しい体系のもので，それ以前の旧体系は図6-1の右側に掲げるような体系で表されていました。旧体系で資本収支といわれていたものの大部分が，新体系では金融収支となりました。図6-1において直線でつながっている項目が新旧の体系の間で対応している項目になっています。旧体系の資本収支が新体系の金融収支にほぼ対応しますが，資本収支では取引に伴う資金の流入（流出）をプラス（マイナス）で表示する一方，金融収支では取引に伴う資産の増加（減少）をプラス（マイナス）で表示しています。したがって資本収支と金融収支では同じ取引での統計数字の符号が反対になります。また国際収支体系は複式簿記の原則に従っているため，会計上は，

国際収支＝経常収支＋資本移転等収支－金融収支＋誤差脱漏＝0

が恒等的に成立することになります。

表6-3 国際収支の構成

国際収支
■経常収支:財・サービスの国際間取引
- 貿易・サービス収支
  貿易収支:自動車や石油などの輸出入取引
  サービス収支:輸送・旅行・通信・保険・金融等の取引
- 第一次所得収支:外国で得る労働報酬,利子・配当など
- 第二次所得収支:無償資金援助・国際機関への拠出金など

■資本移転等収支:固定資産・非生産非金融資産の取引

■金融収支:対外的な資金や負債の取引
- 直接投資:海外工場の建設,子会社・支店の設立など
- 証券投資:経営権を伴わない株式や債券の取引
- 金融派生商品:デリバティブ取引の元本交換差額・利子など
- その他投資:貿易信用,貸付・借入,現預金,雑投資など
- 外貨準備:通貨当局の保有する金や外貨等,すぐに利用可能な対外資産の増減

■誤差脱漏:統計上の誤差の調整

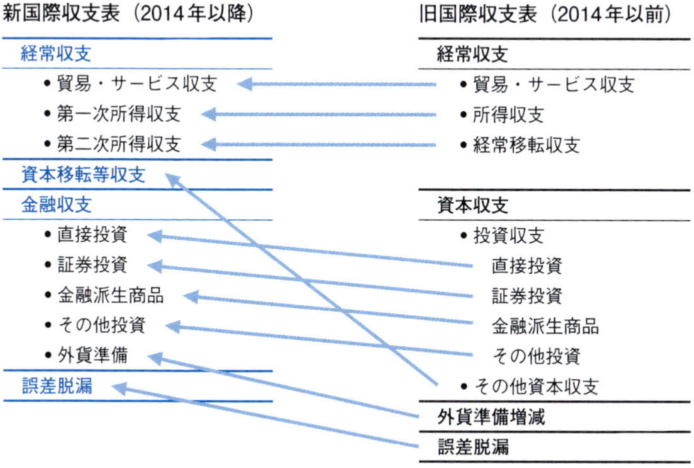

新国際収支表(2014年以降)

経常収支
- 貿易・サービス収支
- 第一次所得収支
- 第二次所得収支

資本移転等収支

金融収支
- 直接投資
- 証券投資
- 金融派生商品
- その他投資
- 外貨準備

誤差脱漏

旧国際収支表(2014年以前)

経常収支
- 貿易・サービス収支
- 所得収支
- 経常移転収支

資本収支
- 投資収支
  直接投資
  証券投資
  金融派生商品
  その他投資
- その他資本収支

外貨準備増減

誤差脱漏

図6-1 新旧の国際収支表の比較

為替レート

 通貨は国や地域によってそれぞれ異なっています。日本では円を，アメリカではドルを，イギリスではポンドを国内の通貨として使用しています。また，フランスやドイツなどヨーロッパ連合に属する国では，その地域内でユーロを通貨として使用しています。経済の売買取引は同じ通貨を用いている人々の間では，その通貨を用いて取引を行うため問題は生じません。しかし，異なる通貨を用いている人々の間での取引ではどちらの通貨で売買をするのか，その場合に異なる通貨での交換をどのような比率で行うのかといった問題が発生します。

 たとえば，日本の人がアメリカから車を購入しようとすれば，通常はドルで支払うことになります。その場合，この日本人が持っている円をドルに替えて，そのドルで車を購入することになります。このときの円とドルの交換比率はどのようになっているのか，というのが本章で扱うテーマです。

 2つの異なる通貨の間の交換比率を**為替レート**といいます。為替レートの表示方法には2通りあります。一つは外国の通貨1単位を自国通貨（日本の場合，円）で表示する方法で，これを**邦貨建て**といいます（**円建て**ともいいます）。たとえば，アメリカの1ドルが日本の120円に等しい場合，1ドル＝120円と表示するのが邦貨建てです。

 もう一つの方法は，この逆に，邦貨1単位を外貨で表示する方法で，これを**外貨建て**といいます。1ドルが120円に等しい場合，1円は$\frac{1}{120}$ドル，すなわち0.0083ドルですから，1円＝0.0083ドルと表示することになります。外貨としてドルを用いて表示する場合，こ

為替レート

表6-4 各国の通貨と為替レート(対顧客相場の一例)

通貨名(各通貨1単位あたり)	T.T.S.	CASH S.	T.T.B.	CASH B.
USD(アメリカドル)	91.25	93.05	89.25	87.25
GBP(イギリスポンド)	139.86	147.86	131.86	123.86
CAD(カナダドル)	90.11	97.11	86.91	79.91
CHF(スイスフラン)	85.88	89.88	84.08	80.08
EUR(ユーロ)	124.84	127.34	121.84	119.34
THB(タイバーツ)	2.86	3.25	2.70	2.31
AUD(オーストラリアドル)	84.32	92.02	80.32	72.62
HKD(香港ドル)	12.06	14.06	11.20	9.20
INR(インドルピー)	2.16	―	―	―
KRW(韓国ウォン)	8.16	9.46	7.76	6.46
SGD(シンガポールドル)	65.40	70.40	63.74	58.74

(データ) 三菱東京UFJ銀行ウェブページ,2010年3月16日外国為替相場一覧表より作成
(注) KRW(韓国ウォン)は100通貨単位あたり。―は取り扱いなし。

銀行は顧客に売る外貨を調達したり,顧客から買った外貨を処分したりするために外国為替市場において主に銀行間で取引をしています。その銀行間市場で取引される外貨の値段に,銀行は顧客取引の種類に応じて手数料などを加味した上で,対顧客相場を決めています(対顧客市場)。上の表はその一例です。T.T.S.とT.T.B.はそれぞれ銀行間での売値と買値で,表では,たとえば1米ドルを銀行が他の銀行に売るときには,91.25円で売り,買うときには93.05円で買うことになります。CASH S.やCASH B.は顧客と当該通貨の現金を売買する時の相場で,それぞれ,顧客に銀行が1米ドルを売るときの値段は89.25であり,顧客から1米ドルを買うときの値段が87.25円であることを示しています。

★キーポイント 為替レートの表示方法(例)

- 邦貨建て(円建て)………1ドル=120円

- 外貨建て(ドル建て)……1円=0.0083ドル

れをとくに**ドル建て**ともいいます。

● 外国為替市場

異なる通貨間の交換（通貨の売買）をする市場を**外国為替市場**といいます。しかし，このような交換をする場所が実際にあるわけではなく，通貨の売買取引の大半は電話やコンピュータ通信を通して，銀行や外国為替ブローカー（外貨売買を仲介する業者）や通貨当局，あるいは輸出入業者や投資家などの企業や個人の間で行われています（**図6-2**）。とりわけ，**銀行**によって大部分の取引が行われています。

たとえば日本人の観光客がアメリカに旅行に行く場合，アメリカでの買い物をするためにはドルが必要になります。そこで旅行の前に日本の銀行，外国為替交換所などの外国為替ブローカー等を通して，手持ちの円をドルに交換して，アメリカに行くことになります。逆にアメリカからやってくる人は，日本での買い物のために，銀行や外貨交換所でドルを円に替えることになります。また，銀行や外国為替ブローカーの間でも売買するためのドルが不足したり余ったりするため，売買を通し互いにドルを融通しあっています。

● 為替相場制度（1）──固定為替相場制

外国為替市場における通貨の交換比率は，その国が採用している為替相場の制度に依存しています。為替相場の制度には大きく分けて**固定為替相場制**と**変動為替相場制**があります。そこでまず，固定為替相場制について説明し，次に変動為替相場制について説明することにします。

外国為替市場では，円を売ってドルを買う場合，通常1ドルの円

為替相場制度(1)——固定為替相場制

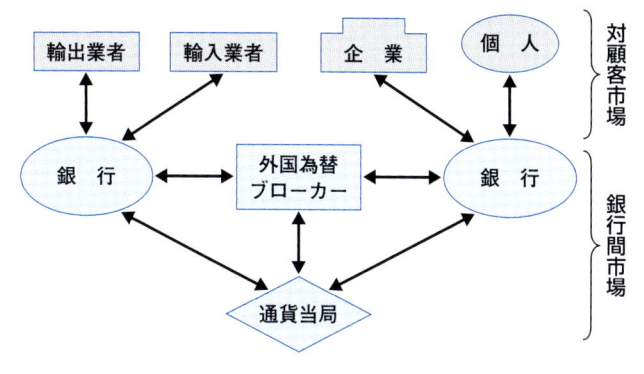

図6-2 外国為替市場の参加者

コラム 外国為替市場は「グローバルマーケット」

　ロンドン市場，ニューヨーク市場，東京市場など，主要な外国為替市場の名前はよく耳にすると思いますが，外国為替取引はこれらの市場を含め，24時間，途切れることなく世界のどこかで行われています。まず，東京が開く3時間前にウェリントン（ニュージーランド）で取引が始まり，続いてシドニー，東京が開きます。すぐに香港，シンガポールが開いた後は，中東のバーレーンが続きます。さらにヨーロッパに渡ってチューリヒやロンドンで取引が開始されます。そして日本で日づけが変わるころ，大西洋を越えてニューヨークで取引が始まり，数時間後にサンフランシスコが開きます。そしてまた太平洋に戻ってウェリントンが始まります。外為市場はまさに「グローバルなマーケット」といえます。

　また，取引される通貨は，表6-4で示した通貨をはじめとしてさまざまです。取引量が多いのは，決済手段として使われることの多いドルやユーロ，日本円など先進諸国の通貨ですが，なかでもドルを対価とする取引が多く，外国為替市場では今も圧倒的な存在となっています。

建て価格が安いほどドルを買いたい人が多くなり、ドル需要は大きくなります（たとえば1ドル＝150円のときより、1ドル＝120円のときのほうが、円を売ってドルを買おうとする人が多くなるでしょう）。

そこで、図6-3で縦軸にドルの円建て価格を、横軸にドルの売買量をとると、ドルの需要曲線は右下がりとなります。これは、曲線Dで示されています。逆に円を入手するためにドルを売りたいと思う人はドルの円建て価格が高いほど多くなるため、ドルの供給量（ドルの売りの量）を表す曲線、すなわちドルの供給曲線は右上がりとなります。これは曲線Sで示されています。

いま、為替レートが1ドル＝120円であるとすると、図6-3にみるようにドルを買いたい人のほうがドルを売りたい人より多く、abの大きさのドル不足が生じます。逆に、為替レートが1ドル＝130円とすると、ドルを売りたい人のほうがドルを買いたい人より多いため、cdの大きさのドル余りが生じます。ドルが余っているときはドルの価格は下がり、ドルが不足しているときはドルの価格が上昇して、その結果ドルの過不足は1ドル＝125円のところで解消します。このようにして決まるドルの過不足のない為替レート（図6-3の場合は1ドル＝125円）を**均衡為替レート**といいます。

固定為替相場制はドルの需要と供給のバランスに関係なく、常に為替を一定のレートに固定して、その為替レートで円とドルの交換を行う制度です。たとえば、図6-4で1ドル＝125円の水準で為替レートが固定されているものとしましょう。この場合、ドルの需要と供給は一致していますからドルと円の交換は過不足なく成立します。

しかし、時間が経ってドルの供給曲線がSからS'へと右にシフト

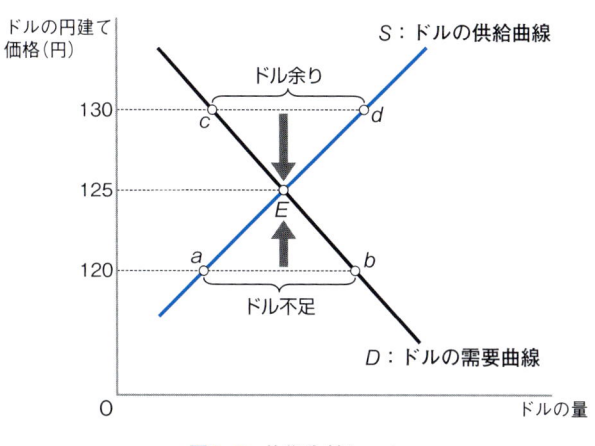

図6-3　均衡為替レート

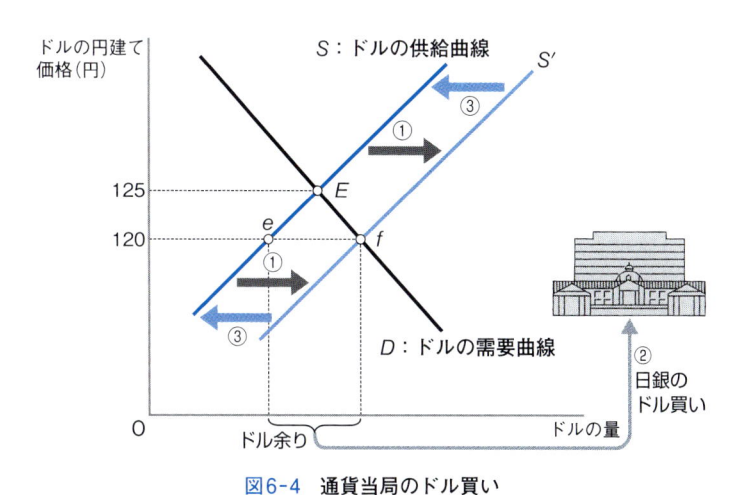

図6-4　通貨当局のドル買い

すると（①），均衡為替レートは図6-4に示されるように120円となります。しかし，固定為替相場制のもとでは為替レートは1ドル＝125円に固定されており，このレートでドルと円の交換を行わなくてはなりません。そのため，efの大きさのドル余りが生じることになります。すなわち，ドルを売りたい人々の一部はドルを売ることができません。このような場合，1ドル＝125円で通貨当局である日銀がドルを買うことによって（②），ドル余りを解消することになります（③）。日銀がドルを買う行為を，日銀のドル買いといいます。

逆に，供給曲線がSからS''へと左側にシフトすると，図6-5に示されるようにghの大きさのドル不足が生じます（①）。この場合，日銀は手持ちのドルを売ることで（②），このドル不足を解消することになります（③）。日銀のドルを売る行為を，日銀のドル売りといいます。

このような日銀のドル売りやドル買いは，日銀が保有している外貨準備を用いて行います。通常，固定為替相場制のもとでの固定する為替レートは均衡為替レート付近に設定します。需要曲線や供給曲線が左右に変化するとドル余りやドル不足が生じますが，その状況に応じて日銀はドル買いやドル売りを行うことで，これらの事態に対応することになります。

しかし，需要曲線，あるいは供給曲線が大きく変化する場合や，一定方向に長期間シフトしつづける場合には，大量のあるいは長期的なドル余り，あるいはドル不足が生じます。日銀の保有する外貨準備には限度があるため，このような大きな為替市場の不均衡には対応できなくなります。そのような場合には，固定為替レートの変更を行うことになります。

為替相場制度(1)——固定為替相場制　　　　151

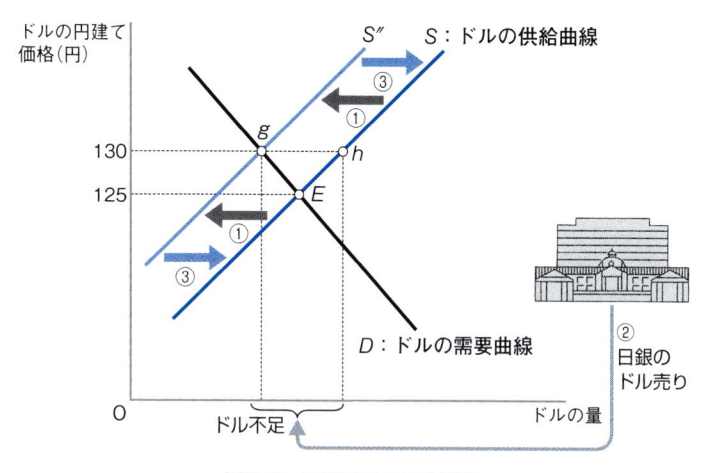

図6-5　通貨当局のドル売り

✚キーポイント　固定為替相場制

　為替レートを外貨の需給バランスに関係なく固定する制度。固定された為替レートのもとで外貨の需要と供給がバランスしない場合は外貨準備を用いてバランスさせる。
　たとえばドルの需要がドルの供給を上回れば，外貨準備のドルを売ることでドルの超過需要を解消する。

為替相場制度(2)——変動為替相場制

ここでは，もう一つの為替制度である変動為替相場制について説明しましょう。変動為替相場制は通貨の需要と供給が等しくなる水準に均衡為替レートを設定する制度です。

図6-5の例を変動為替相場制に直して説明しましょう。図6-6には図6-5と同じ需要曲線（D）と供給曲線（S）が描かれています。よって，均衡為替レートは1ドル＝125円となり，これが為替レートとなります。しかし，供給曲線が右側にシフトしてS'になったとすると，そのときの需要と供給が等しくなる水準は1ドル＝120円ですから，これが為替レートとなります。よって，変動為替相場制のもとでは，需要曲線や供給曲線が変化すると，それに応じて為替レートも変化することになります。

この場合，為替レートは通貨の需要と供給が等しい水準になっているため，日銀はドル売りやドル買いなどによって為替の不均衡を解消する必要はありません。

しかし，現実問題としては，たとえば図6-7において供給曲線がSからS''へと大きく変化する場合，為替レートも1ドル＝125円から1ドル＝100円へと急激に変化するため，このような急激な変化は日本経済への混乱を引き起こすことになります。そこで，たとえば一時的に1ドル＝120円にするため，1ドル＝120円にしたときに生じる$E'h$のドル余りを日銀はドル買いによって解消して，1ドル＝120円に誘導することもあります。

以上をまとめると，変動為替相場制では為替レートは市場の需要と供給の関係によって決めるということが基本原則です。したがって，需要曲線や供給曲線の変化に伴って，為替レートも絶えず変化することになります。この変化が急激な場合には，経済的な混乱を

為替相場制度(2)——変動為替相場制

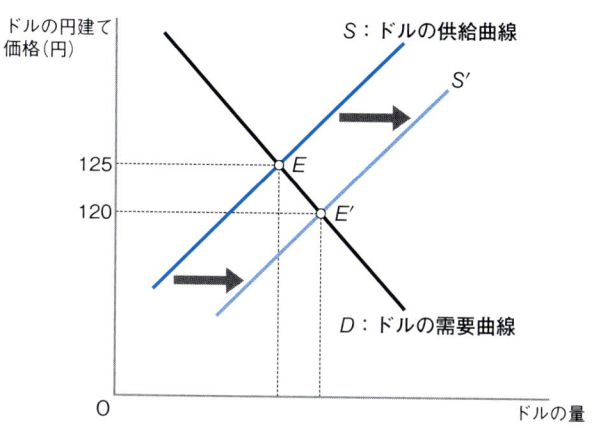

図6-6 変動為替レート

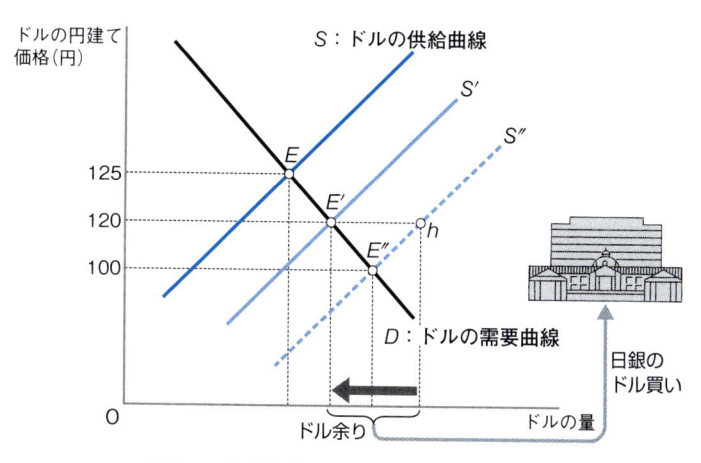

図6-7 変動為替レートにおける急激な変化

引き起こす可能性があるため，この変化を緩和するために，通貨当局である日銀がドル売りやドル買いをして，為替市場に介入することになります。

為替レートと経常収支

変動為替相場制のもとでは需要曲線や供給曲線の変化に伴って為替レートも変化します。図6-6でみるようにたとえば供給曲線が S から S' へと右側にシフトすると為替レートは1ドル＝125円から1ドル120円になり，ドルは安くなります。よって，このような方向の為替レートの変化を**ドル安**になるといいます。1ドル＝125円から1ドル＝120円の変化はドル建てで表示すると，$1円＝\frac{1}{125}$ドルから $1円＝\frac{1}{120}$ドル，すなわち1円＝0.008ドルから1円＝0.0083ドルとなります。円のドルに対する価格が上昇するため**円高**になるともいいます。逆に，為替レートが1ドル＝125円から1ドル＝130円になれば，**円安・ドル高**になるといいます。

為替レートの変化は経済に影響を与えます。これを以下でみていくことにしましょう（図6-8）。計算を簡単にするため，為替レートの変化を大きくとって考えることにします。当初，為替レートは1ドル＝200円であったとします。この場合アメリカで2ドルで売られているハンバーガーは日本では400円となります。

いま，為替レートが円高・ドル安の方向に変化して，1ドル＝100円に変化したとします。このとき，アメリカで2ドルで売られているハンバーガーは，日本では200円で売られることになります。日本におけるアメリカのハンバーガーの価格は400円から200円と安くなるため，以前より多く売れることになります。これはアメリ

✝ キーポイント　変動為替相場制

　為替レートを外貨の需要と供給が等しくなる水準にする制度。外貨に対する需要や供給が変化すると，変化後の需要と供給が等しくなる水準に為替レートも変化する。

〈アメリカ〉　　　〈日　本〉

ハンバーガー

2 ドル　→　1 ドル＝200 円　→　400 円

円高・ドル安

1 ドル＝100 円　→　200 円

安く買える！
輸入が増える！

自動車

1 万ドル　←　1 ドル＝200 円　←　200 万円

円高・ドル安

2 万ドル　←　1 ドル＝100 円

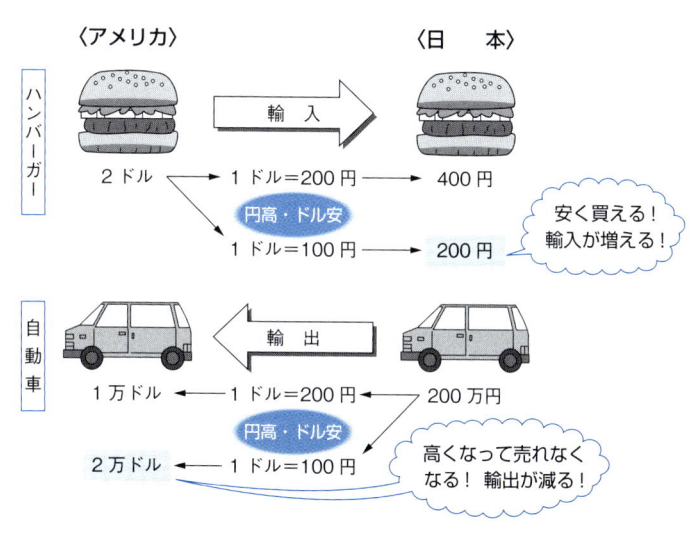

高くなって売れなくなる！ 輸出が減る！

図6-8　為替レートの変化と貿易（円高・ドル安の場合）

カの日本への輸出，言い換えるなら日本のアメリカからの輸入が増えることを意味します。すなわち，円高・ドル安になることで，日本のアメリカからの輸入が増えます。

　日本のアメリカへの輸出についてはどうでしょうか。日本はいま，アメリカに自動車を輸出しているとしましょう。当初の為替レートが1ドル＝200円とすると，日本で1台200万円の車はアメリカでは1万ドルで売られていることになります。為替レートが1ドル＝100円になったとします。このとき，日本で200万円の車はアメリカでは2万ドルになります。すなわち，日本の車の価格はアメリカでは高くなり，売れ行きは悪くなるでしょう。よって，円高・ドル安は日本のアメリカへの輸出の減少を引き起こすことになります。反対に為替レートが円安・ドル高に変化すると，この逆の現象が生じます。

　以上をまとめると，円高は日本の輸出を減らし，輸入を増やすため，日本の経常収支は悪化します。逆に円安は日本の輸出の増加と輸入の減少を引き起こすため，経常収支は改善されます。とくに円高は日本の輸出の減少を招き，それによって日本国内の輸出向けの生産が落ち込むことで，景気にマイナスの影響を与える可能性があります。一方で日本の消費者は，アメリカからの輸入品が安くなるため恩恵を受けます。アメリカにとっては円高・ドル安は日本への輸出が増え，アメリカ国内の生産が刺激されることで景気にプラスとなる一方，日本からの輸入品の価格は上昇するため，アメリカの消費者にとっては不利となるでしょう。

　いずれにしても変動為替相場制のもとでの為替レートの変化は，このように輸出や輸入の変化を通して企業や消費者に影響を及ぼします。よって，為替レートの急激な変化は国内の経済に大きな影響

> **♦ キーポイント　為替レートと貿易**
> ●円高になると日本の輸出は減少し，輸入は増加する。
> ●円安になると日本の輸出は増加し，輸入は減少する。

コラム　円高と企業経営

> 　為替レートの急激な変化は貿易を通じて国内経済に大きな影響を及ぼしますが，そうした短期的な変化だけでなく，長期的な変化も日本の企業経営に大きな影響を及ぼします。これまでも日本円は変動を繰り返してきましたが，長期的にみて円高の方向に動いてきました（第10章参照）。円高は輸出を抑えるので，輸出に依存する割合の高い企業，たとえば自動車や家電などの企業は円高になれば収益が減ります。新聞などで，「1円の円高で数億円の収益が失われる」等の報道を目にしたこともあるでしょう。このように，為替レートの変動は日本の企業経営に大きな影響を及ぼすことになります。
> 　円高が続くと製品の価格競争力がなくなり，輸出が困難になり，企業の収益が減少することになります。この場合，企業の収益への打撃を小さくするための直接的な方法は，価格競争力を維持するためにコストを下げて従来よりも安い製品を作ることです。日本の企業は，製造拠点を海外に移すことで，円高になっても収益を生み出せる構造を作り上げてきました。すなわち，労働賃金の安い国に工場を建て，現地の人々を雇用することによってコストを下げ，そこで生産したものを，そこから海外に輸出をするという方法です。この場合，現地で生産したものを日本に持ってくる（＝輸入）ならば，生産コストの低下と円高の両面で，日本国内での販売価格は低くなり，日本の消費者は恩恵を受けることになります。また現地で部品を生産して，日本国内でその部品を使って，組み立てる場合も，部品の生産コストが下がるため，国内で生産する完成品のコストを下げることができます。
> 　このように，為替レートの変動を回避し，円高に強い体質をどのように築いていくかは，企業にとって大変に重要な課題になっています。

を与え，国内の経済を混乱させかねません。したがって，変動為替相場制のもとでも常に為替レートを市場の需要と供給の関係のみに任せるのではなく，急激な為替レートの変化が生じる場合には，日銀はこの変化を緩和するためにドル売りやドル買いなどにより為替市場に介入することになります。

■ 本章のまとめ

　国際収支は大きく分けて財・サービスの国際間取引を記録する経常収支，対外的な資金や負債の取引をする資本収支，そして通貨当局の金や外貨などの資産の増減を表す外貨準備で構成されます。

　為替レートは異なる通貨の間での交換比率のことで，たとえば，アメリカの1ドルが日本の120円に等しい場合，1ドル＝120円と表す方法を邦貨建てで表したドルと円の間の為替レートといいます。

　1ドル＝120円から1ドル＝100円になるとき，為替レートは円高・ドル安になるといいます。為替レートがこの逆の方向に変化する場合は円安・ドル高になるといいます。円高になると日本は輸出が減少して輸入が増えます。円安はその逆になります。

　異なる通貨を互いに交換する場を外国為替市場といいます。為替レートは，基本的にその国において採用している制度によって決まります。為替制度は大別して固定為替相場制と変動為替相場制があります。

　固定為替相場制は，外国為替市場におけるその国の通貨の需給とは関係なく外貨との交換比率を一定に定めるものです。変動為替相場制は，外国為替市場におけるその国の通貨の需給の大きさによって為替レートが日々変化するような制度です。

第7章 開放経済下のマクロモデル：財市場

開放経済マクロモデル

　一国の経済をとらえて，その国の経済全体がどのような状態にあるかをみて，そのもとでより望ましい経済を実現するために政府が行う**経済政策**について考えていくことにします。そのためには一国の経済像を描き出すための経済モデルを構築します。そして，そのモデルを用いてこの国の経済に作用しているメカニズムを明らかにし，このメカニズムを利用して，より望ましい経済を実現するには，どのような経済政策を用いるのがよいかをみていきます。

　とくに一国全体の経済を集計的にとらえて描写するモデルを**マクロ経済モデル**といいます。本章では，国際的な経済取引のある国の経済を分析するための簡単な経済モデルを提示します。一国の経済に国際間取引も考慮に入れるマクロモデルは**開放マクロ経済モデル**（図7-1）といい，国際間取引を捨象した通常のマクロ経済モデルと区別しています。よって，本章では開放マクロ経済モデルを提示しますが，それは通常のマクロ経済モデルの拡張となっていますので，基本的なマクロ経済モデルの説明を補いながら説明をしていくことにします。しかし紙面の都合上，基本的なマクロ経済モデルの説明は必要最小限にとどめますので，十分な理解を得るためにはマクロ経済学のテキストを参考にしてください。

　経済活動には生産活動，消費活動に加えて**市場の取引**という活動があります。市場にはさまざまなものがあります。経済を集計的にとらえるマクロ経済モデルでは，主要な市場として**財市場**と**貨幣市場**があります。財市場は生産される財やサービスの取引を行う市場で，貨幣市場は貨幣取引を行う市場です。これら2つの市場取引を含むマクロモデルを提示するために，これらの市場について以下説明をしていくことにします。

開放経済マクロモデル

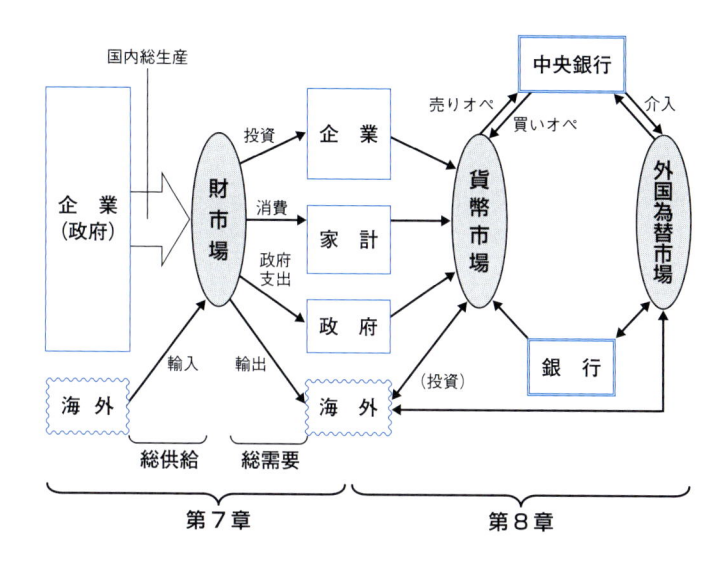

図7-1 国際取引のある経済の枠組みの概要（循環）

開放マクロ経済モデルとは，一国全体の経済を集計的にとらえて描写するマクロ経済モデルに，貿易や投資など国際間取引を考慮に入れたモデルで，モデルのイメージとしては上の図のようになります。本章（第7章）で左部分の財市場を，次章（第8章）で右部分の貨幣市場を扱います。

財市場の均衡

はじめに,財市場についてみていくことにしましょう。財市場では生産者によって生産されるさまざまな財・サービス(以下,これをまとめて単に**財**ということにします)の売買取引のための市場です。国内の生産者によって生産される最終財の総額を**国内総生産**といいます。ここでは,この国内総生産の大きさをY^Sで表すことにします。国内に出回る最終財の総量は,国内で生産された最終財の量と海外から輸入した最終財の量の合計になります。**海外からの輸入額の大きさをMで表すことにします。**

一方,国内に供給される最終財は国内の消費者や企業,政府が購入することになります。その他にも海外からの購入者がいます。消費者が消費のために購入する額を**消費**といい,ここではCで表します。企業が生産手段として購入する場合,これを**投資**といい,ここではIで表します。投資はたとえば工作機械や工場設備などあります。また,政府は道路,港湾設備,学校などの建設に支出します。これらの政府による施設の購入や政府の行政のために必要な財の購入額全体を**政府支出**といいます。これをGで表すことにします。さらに**輸出**はEで表すことにします。

以上から,一国の国内における財の**総供給**は国内総生産Y^Sと輸入Mを合わせた大きさで表され,一国の国内における総購入額の大きさは消費Cと投資Iと政府支出Gを加えた大きさで,この大きさは**国内総支出**といいます。さらにこれに海外による財の購入分である輸出Eを加えた大きさが,この国の国内の財に対する**総需要**となります。一国の財市場においてと総需要が等しくなるように生産量が変化するため,経済は通常,財市場が均衡している状態か,あるいはそれに近い状態にあるものと考えて,**財市場が均衡している**

財市場の均衡　　　　　　　　　　　　163

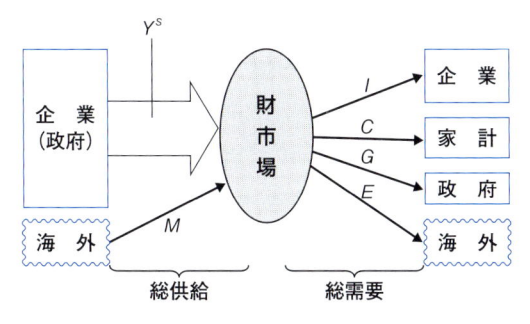

図7-2　財市場の枠組み

> **↑キーポイント　開放経済下での財市場の均衡条件**
>
> 国内総生産 ＋ 輸入 ＝ 国内総支出 ＋ 輸出
> 　└───（供給面）───┘　　└───（需要面）───┘

表7-1　国内総生産（名目）の構成比

	1998年	2003年	2008年
国内総生産（GDP）(兆円) Y^S	503.3 (100%)	493.7 (100%)	494.02 (100%)
民間最終消費支出　C	56.2	56.6	58.3
政府最終消費支出　G	15.5	17.6	18.9
国内総資本形成　I	26.5	24.0	23.1
財貨・サービスの純輸出　$E-M$	1.5	1.8	−0.4
財貨・サービスの輸出　E	10.3	12.0	15.8
(控除)財貨・サービスの輸入　M	8.7	10.2	16.2

（データ）　内閣府経済社会総合研究所「国民経済計算年報」（各年度）

国内総資本形成は，民間の住宅投資や民間企業の設備投資，公共投資など固定資本の追加分です。投資Iを構成する一項目で，ここには在庫品の増加も含まれます。

経済を考えることにします。

財市場の均衡下での国内総生産の決定

　財市場が均衡している状態では総供給と総需要が等しく，総供給が総需要より大きい場合は品余りとなるため，生産者は生産を縮小することになります。逆に総需要が総供給を上回るときには，品不足となるため，生産者は生産を拡大することになります。生産規模が安定するのは総需要と総供給が等しいときで，このとき，財市場は均衡している，あるいは均衡状態にあるといいます。総供給と総需要が等しくない場合には，総供給ですから

$$Y^S + M = C + I + G + E \tag{7.1}$$

で表されます。生産とは付加価値を生み出すことです。付加価値とは生産額から生産のために投入した中間財費用や原材料費を差し引いた大きさで表されます。すなわち，付加価値は中間財や原材料を用いて生産活動をすることで，中間財や原材料につけ加えた価値の大きさです。すなわち付加価値は，

　　生産額 ＝ 中間財費用 ＋ 原材料費 ＋ 付加価値

という関係で表されます。一方，生産の全体は原材料と中間財と最終財の生産で構成されます。すなわち

　　生産額 ＝ 中間財 ＋ 原材料の生産額 ＋ 最終財の生産額

です。最終財の生産額は付加価値に等しくなります。最終財の生産額は国内総生産額でしたから，結局，国内総生産額は付加価値の総額にほかなりません。

　生産活動に要した他の費用，たとえば労働賃金や生産のために使用する機械や工場などの資本設備や土地の使用料などは付加価値か

財市場の均衡下での国内総生産の決定

✚キーポイント　国内総生産の考え方

- 国内総生産＝付加価値の総額
  　　　　　＝総産出額−（中間財と原材料の生産額）
  　　　　　＝最終財の生産額

- 付 加 価 値＝労働賃金＋資本設備・土地の使用料＋利潤
  　　　　　＝国内総所得

コラム　海外取引がない場合の国内総生産と国内総支出と国内総所得の関係

　Tシャツ産業を例にとって，国内総生産が国内総支出に等しくなることをみてみましょう。図7-3において，青色の部分はTシャツの生産やその原材料（綿花）や中間財（綿糸・綿布）の生産に従事する農家や企業の付加価値であり，これらの総合計が国内総生産になります。よって国内総生産は，$100+80+70+50=300$ となります。一方，国内総支出は海外取引がなければ，最終財（Tシャツ）の総生産（総売上収入）に一致しますから，300です。青色の部分は労働賃金（労働者の所得）や土地，資本の賃貸料（資本家の所得），企業の利潤（法人の所得）などにあてられます。

　このようにして，付加価値の総合計は国内総所得になります。よって国内総生産と国内総支出と国内総所得は互いに等しくなります。

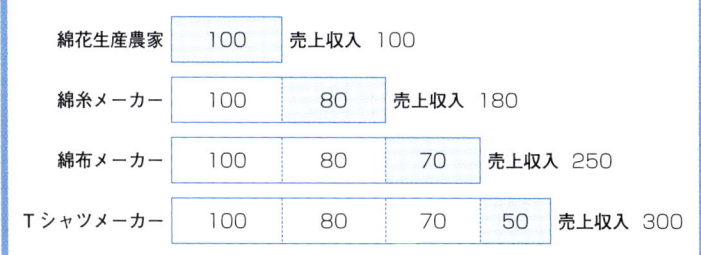

綿花生産農家	100				売上収入 100
綿糸メーカー	100	80			売上収入 180
綿布メーカー	100	80	70		売上収入 250
Tシャツメーカー	100	80	70	50	売上収入 300

図7-3　海外取引がない場合：国内総生産＝国内総支出＝国内総所得

ら支払われます。その残りが企業利潤となります。すなわち,

| 付加価値 | = | 労働賃金 | + | 資本設備・土地の使用料 | + | 利潤 |

となります。この式の右辺の労働賃金は労働者の所得になり,資本設備や土地の使用料は資本の所有者や土地所有者に支払われるため,これらの人々の所得になります。また,利潤は企業の所得,すなわち法人所得となります。よって,これらは国内の生産活動によって生み出された所得の全体となります。これを**国内総所得**といいます。国内所得をYで表すことにします。

上の式の左辺は国内総生産で右辺は国内所得ですから,結局,

$$国内総生産(Y^S) = 国内総所得(Y) \tag{7.2}$$

が成立します。

国内の居住者が財・サービスを消費のためにどれだけ購入するかは,国内の総所得の大きさに対応して次の式で決まるものとしましょう。

$$C = aY + b \tag{7.3}$$

ここで,aとbは与えられた定数でそれぞれ$0<a<1$,$0<b$の範囲の値をとるものとします。(7.3) を**消費関数**といいます。(7.3)のグラフは**図7-4**のようになります。国内総所得$\hat{Y}$が与えられると図に示されるように$C=aY+b$のグラフにしたがって消費の大きさが$\hat{C}$として決まります。

同様にして,一国内への輸入Mの大きさもその国の国内総所得Yの大きさに対応して決まるものとしましょう。その関係は次の式で表されるものとします。

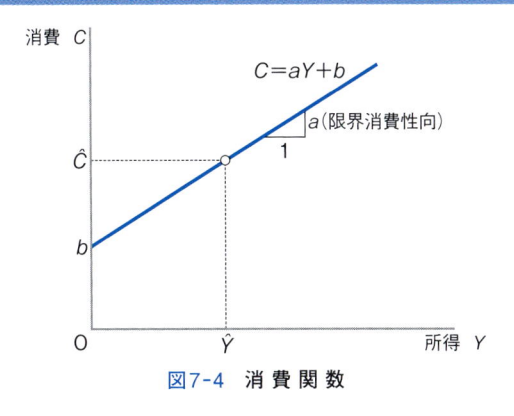

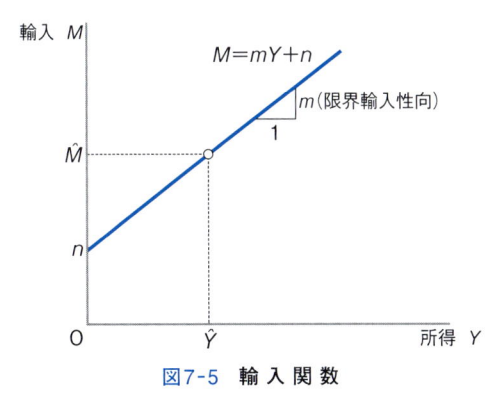

財市場の均衡下での国内総生産の決定　　　167

図7-4　消費関数

図7-5　輸入関数

> ### 🔔 キーポイント　限界消費性向と限界輸入性向
>
> - 限界消費性向（a）……所得が1単位増加したとき，消費にまわる分の割合。なお，消費関数（7.3）のうち，b は基礎消費（所得にかかわらず消費する分）である。
>
> - 限界輸入性向（m）……所得が1単位増加したとき，輸入がどの程度増えるかを示す割合。なお，輸入関数（7.4）のうち，n は独立輸入額（所得にかかわらず輸入する分）である。

$$M = mY + n \tag{7.4}$$

ここで m と n は与えられた定数で，m については $0 < m < 1$ の範囲の値をとるものとします。(7.4) を**輸入関数**といいます。輸入関数のグラフも**図7-5**に示されるように消費関数のグラフと同じようなグラフになります。

企業が生産のための手段として購入する工場設備や機械等の投資財の購入は通常その額が大きいため，銀行からの借り入れや企業自身が発行する債券によってまかなった資金を用いて行われます。すなわち，外部から資金を借りて投資財の購入を行いますから，将来借り入れる資金を返済する場合には利子をつけて返さなくてはなりません。したがって，資金を借り入れる場合，すなわち投資財を購入する（これを「**投資を行う**」といいます）場合，利子率の低いときに実行するほうが借り入れ資金の返済が楽になります。そこで投資は利子率が低いときに多くなり，逆に利子率が高いと少なくなります。この投資と利子率の関係を一般的な関数の形で，

$$I = I(r) \tag{7.5}$$

と表すことにします。ここで r は資金の貸借を行う市場で成立している利子率です。I はすでに述べたように投資を表しています。

(7.5) を**投資関数**といいます。また (7.5) をグラフで表すと，**図7-6**のように右下がりになります。図に示されるように r が $r_1 < r_2$ ならば，それぞれに対応する I_1 と I_2 は $I_1 > I_2$ となります。

(7.1) に (7.3) 〜 (7.5) を代入すると

$$Y^S + mY + n = aY + b + I(r) + G + E$$

図7-6 投 資 関 数

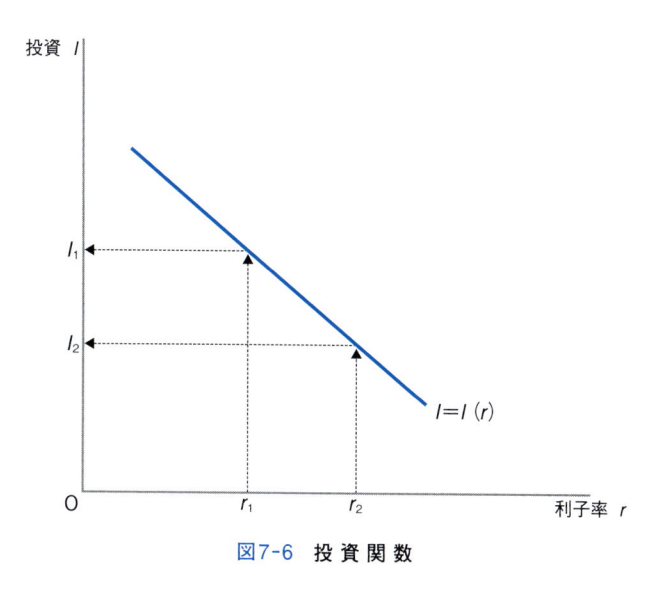

↕ キーポイント 開放経済下での国内総生産水準の決定式

$$Y^S = \frac{I(r)+G+E+b-n}{1+m-a}$$

a, b, mは定数。$0<a<1$, $0<b$, $0<m<1$。

第7章　開放経済下のマクロモデル：財市場

となります。これは，

$$Y^S + mY - aY = I(r) + G + E + b - n$$

と書き換えられます。さらに（7.2）より $Y = Y^S$ ですから，上式は

$$(1 + m - a)Y^S = I(r) + G + E + b - n$$

となり，結局

$$Y^S = \frac{I(r) + G + E + b - n}{1 + m - a} \tag{7.6}$$

となります。政府支出（G）や輸入（E）の大きさと利子率（r）が与えられると，国内総生産 Y^S（= 国内総所得 Y）は（7.6）の右辺の大きさによって決まります。また（7.6）と（7.1）をもとにしているため，財市場の均衡を表しています。

● IS曲線

（7.6）によって，輸出 E が ΔE だけ増加すると，国内総生産 Y^S は ΔE の $\dfrac{1}{1 + m - a}$ 倍の増加となります。すなわち，国内総生産 Y^S の増加分を ΔY^S とすると，

$$\Delta Y^S = \frac{\Delta E}{1 + m - a} \tag{7.7}$$

となります。$\dfrac{1}{1 + m - a}$ を**外国貿易乗数**といいます。外国貿易乗数は輸出の増加がどれだけの国内総生産の増加をもたらすかを表すものです。

輸出のかわりに政府支出 G が増加しても，その国内総生産 Y^S への効果は同じです。政府支出の増加を ΔG とすると，

キーポイント　外国貿易乗数

$$\frac{1}{1+m-a}$$

　政府支出（G）や民間投資（I），輸出（E）の増加が国内総生産をどのくらい大きくするかを表す指標を乗数という。

　EやG，あるいはIが増えると，その$\frac{1}{1+m-a}$倍国内総生産は増加する。

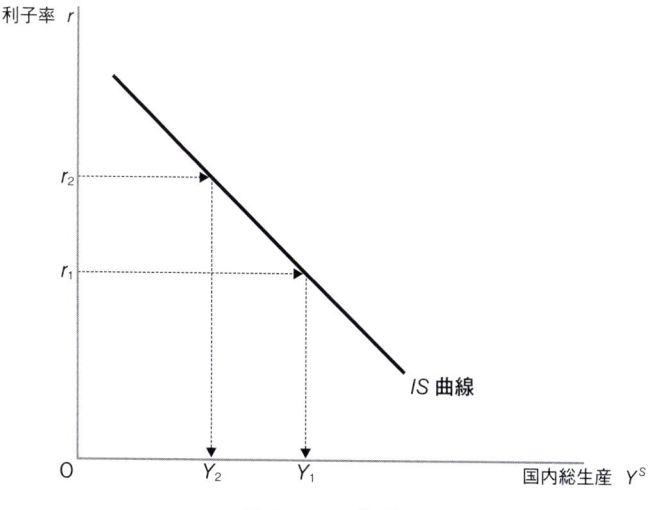

図7-7　IS曲線

$$\Delta Y^S = \frac{\Delta G}{1+m-a} \tag{7.8}$$

として ΔY^S は決まります。

海外からの輸入がなければ $m=0$ ですから，(7.8) は

$$\Delta Y^S = \frac{\Delta G}{1-a}$$

となります。すなわち，政府支出の増加 ΔG は国内総生産をその $\frac{1}{1-a}$ 倍増加させます。この $\frac{1}{1-a}$ を乗数といいます。乗数に比べて外国貿易乗数は小さくなりますが，これはたとえば，政府支出 ΔG の増加があるとその一部は輸入によってまかなわれるため，その分国内総生産の増加は小さくなることを意味しています。

(7.6) において，国内市場利子率 r と国内総生産 Y^S の関係をみることにしましょう。図7-6で表されているように r の上昇は I を減少させます。(7.6) によって，I の減少は Y^S を減少させることになり，よって r の上昇は Y^S を減少させることになります。この r と Y^S の関係は右下がりのグラフとして前頁の図7-7に表しましょう。これを IS曲線 といいます。IS曲線は財市場の均衡を表す (7.6) から導かれる r と Y^S の関係ですから，財市場を均衡させる r と国内総生産 Y^S の関係を表しています。

(7.7) および (7.8) で示されるように，利子率 r を与えたとき，輸出 E や政府支出 G が増加すると Y^S も増加します。このことは，どの水準の r のもとでもあてはまりますから，図7-7のIS曲線は E や G の増加によって右側にシフトします。これを図7-8に示しておきます。図7-8では E や G の増加によって Y^S が上昇することで，もともとのIS曲線である IS が IS′ と右方向に変化しています。

IS曲線

✦ キーポイント　IS曲線

財市場の均衡を実現する国内総生産（Y^s）と国内利子率（r）の組合せをグラフにしたもの。

言い換えるなら，国内総生産の決定式

$$Y^s = \frac{I(r)+G+E+b-n}{1+m-a}$$

の Y^s と r の関係をグラフにしたもの。

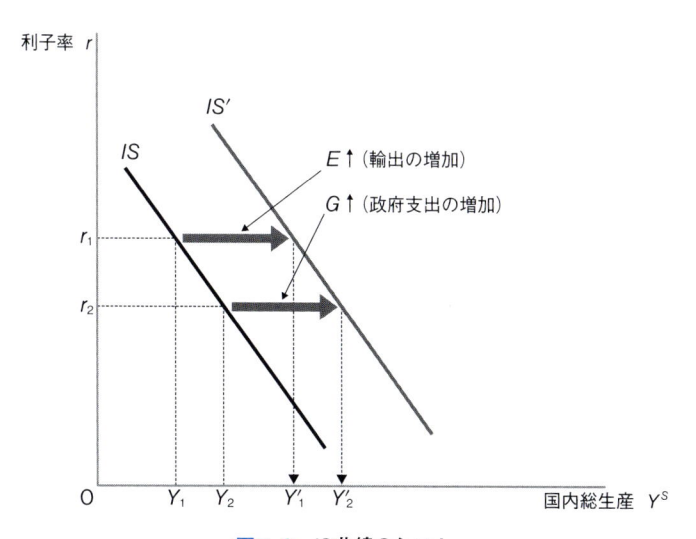

図7-8　IS曲線のシフト

第7章 開放経済下のマクロモデル：財市場

■ 本章のまとめ

一国の国全体の経済取引を集計的にとらえて描写する経済モデルをマクロ経済モデルといい，とくに，そのモデルの中に海外取引が明示的に含まれている場合のモデルを開放マクロ経済モデルあるいは開放経済下でのマクロモデルといいます。海外取引のない経済のマクロモデルは閉鎖経済下でのマクロモデルといいます。

開放経済下でのマクロモデルにおいては，財市場の均衡条件によって，政府支出や民間投資の増加が国内総生産の水準を上昇させるという通常のマクロモデルから得られる結果に加えて，輸出の増加もまた国内総生産の水準を上昇させます。

政府支出や民間投資，輸出の増加が国内総生産をどのくらい大きくするかを表す指標を乗数といいます。開放経済下での乗数は，閉鎖経済下での乗数より小さくなります。これは開放経済では政府支出や民間投資などの国内需要の増加の一部が輸入によってまかなわれ，国内生産の増加につながらないためです。したがって，国内総生産の増加の程度は閉鎖経済に比べて，開放経済のほうが小さくなります。閉鎖経済での乗数と開放経済での乗数を区別するため，開放経済下での乗数をとくに外国貿易乗数といいます。

第8章
開放経済下のマクロモデル：貨幣市場

貨幣とは

ここではもう一つの重要な経済取引である**貨幣**の取引について説明します。貨幣の主要な役割には**財の交換における媒体**としての機能があります。

貨幣が存在しないはるか昔は，取引は物々交換でした。物々交換の時代では，人々は自分が余分に持っている特定のものと引き替えに自分の欲しい特定のものを手離してくれる人を見つけなければなりませんでした。しかし多くの人が欲するものがわかってくると，それを使ったほうが便利なのでそうしたものを媒介した交換が広まっていきます。そのような媒介物は，最初はコメや塩，家畜や布などの日常必需品でしたが，やがて品質，持ち運びや耐久性などの面で金属（金や銀）が貨幣として用いられるようになり，国家の後ろ盾をもとにを銀行券（紙幣）も登場するようになりました。こうした財・サービスの交換のための媒介機能の他に，貨幣は**価値尺度**としての機能や**富の貯蔵の手段**としての機能ももっています。

財の交換がスムーズになることから，経済社会では財の取引はほとんどが貨幣を媒介として行われます。したがって世の中に出回る貨幣の量が少ないと経済は停滞してしまいます。この場合，財の量に比べて貨幣が少なくなると財の価格が下落します（このような現象を**デフレーション**といいます）。逆に貨幣の量が多くなると財の価格は上昇します（このような現象を**インフレーション**といいます）。急激なインフレーションもまた経済に混乱を引き起こします。したがって，経済活動がスムーズに行われるためには，それに見合った適正な貨幣の量が世の中に出回っていなくてはなりません。世の中に出回る貨幣の量を適正な水準にコントロールすることは通貨を発行する**通貨当局**（日本では日銀）の重要な役割です。

✏️ キーポイント　貨幣の機能

1. 財・サービスの交換のための媒介機能
2. 価値尺度としての機能
3. 富の貯蔵の手段としての機能

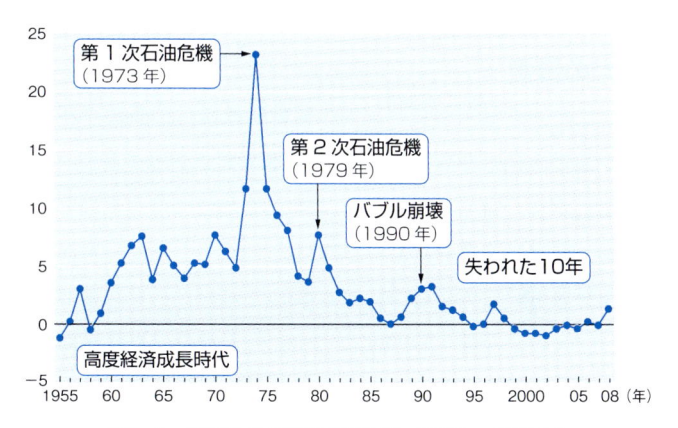

図8-1　消費者物価指数の前年比（1955～2008年）
（出所）　内閣府（2009）「平成21年度　経済財政白書」
グラフは家計に対する財・サービスの価格を指標化した消費者物価指数の変化率（前年比）を示しています。本文中で説明したインフレーションは消費者物価が一定期間以上にわたって上昇し続ける状態（前年比がプラス傾向に推移），デフレーションは下落をし続ける状態（前年比マイナス傾向に推移）となります。

財の交換のための媒体としての機能をもつものを貨幣と考えると,それは財の売買に使用される手段ですから,現金,クレジットカード,小切手があります。クレジットカードの持ち主や小切手の発行者がこれを用いて買い物をすると,その人の銀行預金口座からその分の金額が引き落とされて,それが売った人の預金口座に入ることになります。したがってクレジットカードや小切手での買い物は預金を使って買い物をしていることを意味します。よって,貨幣が現金やクレジットカード,小切手であると考えると,それは現金と預金ということになります。すなわち国内に出回っている貨幣量は世の中にある現金と預金の合計額ということになります。

● 貨幣の供給

世の中に出回る貨幣の量(国内の貨幣供給量)の調整を行うのは,その国の通貨の発行当局である中央銀行(すでに述べたように日本では日銀)です。貨幣の供給量を調整する方法は現金を調整する方法と預金を調整する方法の2つがありますが,ここでは本章に関係する現金を調整する方法について説明していくことにします。

現金の供給量を調整する手段の一つに公定歩合の操作があります。預金業務を行う銀行等の金融機関は中央銀行に預金口座をもっており,この口座を通して中央銀行にお金をあずけたり,中央銀行からお金を借りたりしています。公定歩合は中央銀行からお金を借りるときの利率(表8-1)で,この利率は中央銀行が決めます。民間の金融機関は中央銀行からお金を借りて,それを民間の企業や個人等に貸し付けて,その利ざやを稼ぎます。

中央銀行から貨幣を借りるときの利子率である公定歩合が低くなると,より多くの利ざやを稼ぐことができるため,金融機関は中央

貨幣の供給

> **↑キーポイント　貨幣量**
>
> 貨幣量 ＝ 現金発行量 ＋ 預金残高

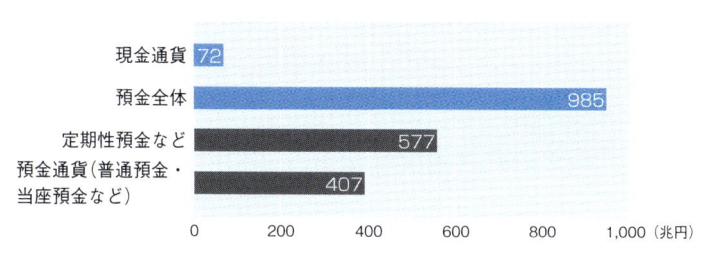

現金通貨 72
預金全体 985
定期性預金など 577
預金通貨（普通預金・当座預金など） 407

0　　200　　400　　600　　800　　1,000（兆円）

図8-2　貨幣量の内訳（2009年9月時点）
（出所）　日本銀行資料より作成

現金通貨と普通預金や当座預金などの預金通貨を合わせた大きさを狭義の貨幣といいます。よって，狭義の貨幣量は479兆円です。狭義の貨幣に定期性預金などをくわえた貨幣を広義の貨幣といいます。よって広義の貨幣量は1,057兆円です。ちなみに，日本の2008年度の名目国内総生産額は498兆円です。

表8-1　世界各国の公定歩合の例（％）

（単位：％）

年	日本	韓国	中国	アメリカ	カナダ	ブラジル	ユーロ圏	ロシア
2005	0.10	2.00	3.33	5.16	3.50	25.34	3.25	12.00
2006	0.40	2.75	3.33	6.25	4.50	19.98	4.50	11.00
2007	0.75	3.25	3.33	4.83	4.50	17.85	5.00	10.00
2008	0.30	1.75	2.79	0.86	1.75	20.48	3.00	13.00

（出所）　総務省統計局（2010）「世界の統計　2010年版」
（注）　日本の公定歩合は日本銀行の「基準割引率および基準貸付利率」。アメリカの公定歩合の2003年以降は連邦準備銀行のプライマリー・クレジット・レート。ユーロ圏の2006年まではユーロ参加12カ国，2007年は13カ国，2008年は15カ国。公定歩合は，ユーロ圏の統一的な金融政策を実施している欧州中央銀行の限界貸出ファシリティー・レート。

銀行から資金をより多く借りて、民間に貸し出そうとします。よって国内の貨幣供給量は増加します。逆に公定歩合を高くすると、国内の貨幣供給量は減少します。そこで、中央銀行は公定歩合を操作して、国内の貨幣供給量を調整します。日本では、表8-2にみるように平成不況に入ると、国内の貨幣供給量を増加させて景気回復を図るために、日銀は公定歩合を引き下げ続け、「ゼロ金利」といわれるような歴史上かつてない低水準となりました。

中央銀行が国内への貨幣供給量を調整する方法は、この他にも中央銀行と民間の経済主体（民間の企業や個人等）との間の債券の売買を通して行う**公開市場操作**によるものがあります。中央銀行が保有している債券を民間経済主体に売る場合を中央銀行の**売りオペレーション**（略して**売りオペ**）といい、民間経済主体の債券を買う場合を中央銀行の**買いオペレーション**（略して**買いオペ**）といいます。売りオペを行うと債券が民間に出回る分、民間の現金が中央銀行に吸収されるため、民間の貨幣量は減少します。買いオペを行えば逆に民間の債券を中央銀行が買い取る分、現金が民間に放出されて、民間の貨幣量は増加します。このようにして公開市場操作によっても、国内の貨幣供給量を操作できます。

公開市場操作とよく似た方法として、中央銀行が行う外貨の売買があります。第6章で説明した通り、日銀は為替レートを調整するため民間の金融機関との間でドルの売買を行います。日銀が手持ちのドルを民間の金融機関に売る場合が日銀のドル売りで、逆に民間の金融機関の持っているドルを買い取る場合が日銀のドル買いです。債券の場合と同じように日銀がドル売りを行えば民間の現金の量は減少し、ドル買いを行えば民間の現金の量は増加します。日銀によるドルの売買は国内の貨幣供給量に影響を与えますが、ドルの売買

表8-2 日本の公定歩合の推移

年	公定歩合	
1980年	7.25%	
1981年	5.5%	
↓		
1983年	5.0%	円高・ドル安時代
↓		
1986年	3.0%	
1987年	2.5%	
↓		
1989年	4.25%	
1990年	6.0%	
1991年	4.5%	
1992年	3.25%	
1993年	1.75%	
↓		
1995年	0.5%	バブル崩壊後の長期不況
↓		
2001年	0.1%	史上最低を記録
↓		
2006年	0.4%	
2007年	0.75%	
2008年	0.3%	

(データ) 日本銀行ウェブページ
http://www.boj.or.jp/theme/research/stat/boj/discount/
(注) 表中の公定歩合は各年末時点のもの。公定歩合は，2001年以降「基準割引率および基準貸付利率」とされている。

中央銀行

→ **外国為替市場**
 ドル買い：貨幣供給量増加
 ドル売り：貨幣供給量減少

→ **銀行**
 公定歩合（基準割引率および基準貸付利率）
 利率下げ：貨幣供給量増加
 利率上げ：貨幣供給量減少

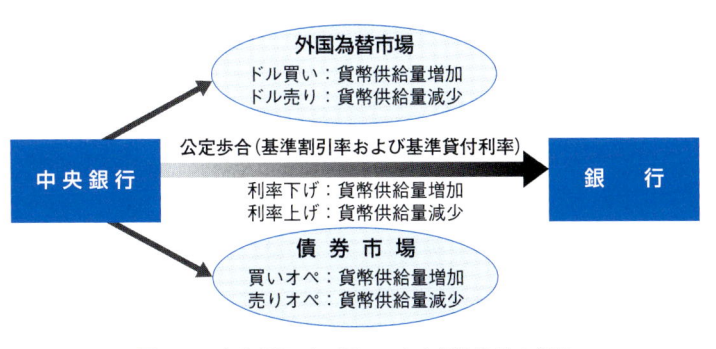

→ **債券市場**
 買いオペ：貨幣供給量増加
 売りオペ：貨幣供給量減少

図8-3 中央銀行（日銀）による貨幣供給の経路

は国内の貨幣供給量の調整というより**為替レートの調整**のために行います。その結果として国内の貨幣供給量が変化することとなります。

不胎化された為替介入政策と不胎化しない為替介入政策

ここで、もう少し具体的に日銀の対応をみてみましょう。仮に円に対する大幅な需要で円買い・ドル売りによる急速な円高が進展する場合、日本の輸出産業は円高に対応できず、大きな打撃を受けることになります。そこで急激な円高の圧力を緩和するため、日銀はドル買いによる為替介入をすることがあります。

このとき、日銀のドル買いによって、円が日銀から民間に出回ることになり、日本国内の貨幣供給量が増加することになります。この国内貨幣供給量の増加は、金融市場や財市場を通して、日本のマクロ経済にさまざまな影響を与えてしまいます。そこで、このようなマクロ経済への影響を回避するために、ドル買いによって増加した国内貨幣供給量に相当する貨幣量を日銀が**吸収**するため、国債などの債券を公開市場操作の売りオペなどによって民間に売却することが考えられます。日銀はドル買いと同時にこのような政策を**併用**することで、国内の貨幣供給量を一定に保てば、ドル買いが国内貨幣供給量の増加を通してマクロ経済に与える影響はなくなります。このように、為替への介入と同時にそれによって生じるマクロ経済への影響を回避するような政策を用いて行う為替介入政策を**不胎化された為替介入政策**といいます（図8-4参照）。

もし不胎化された介入政策を行わなければ、ドル買いは国内の貨幣供給量を増加させるため、金融市場において金利が下がり、資本が海外に流出することになります。これは円売り・ドル買いを意味します。また財市場においては、貨幣供給量の増加によって国内の

貨幣の供給　　　　　183

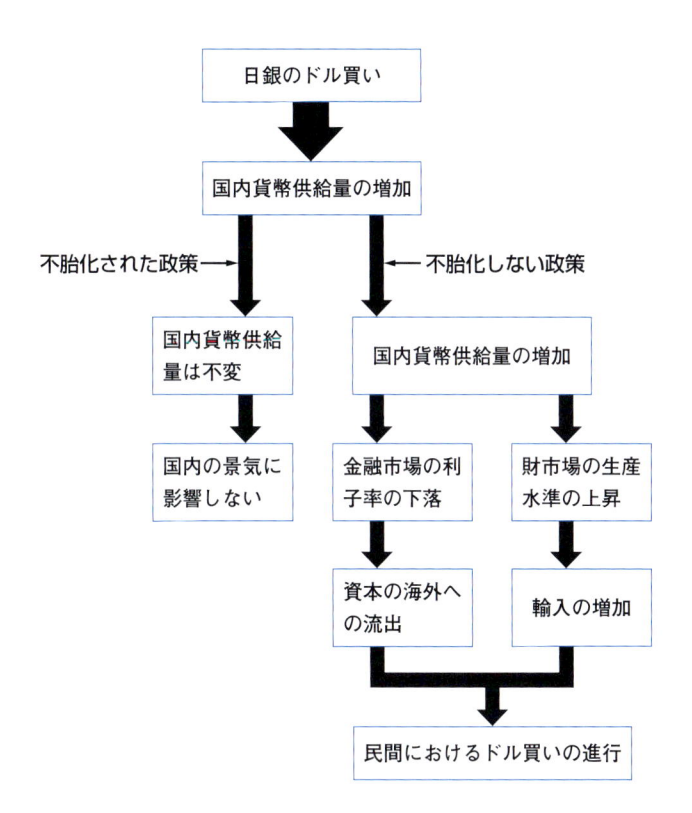

```
                    ┌─────────────┐
                    │ 日銀のドル買い │
                    └──────┬──────┘
                           ▼
                ┌───────────────────┐
                │ 国内貨幣供給量の増加 │
                └─────────┬─────────┘
      ←不胎化された政策─────┤─────不胎化しない政策→
                ▼                    ▼
        ┌─────────┐         ┌───────────────────┐
        │国内貨幣供給│         │ 国内貨幣供給量の増加 │
        │量は不変  │         └──┬─────────────┬──┘
        └────┬────┘            ▼             ▼
             ▼           ┌─────────┐   ┌─────────┐
        ┌─────────┐      │金融市場の利│   │財市場の生産│
        │国内の景気に│      │子率の下落│   │水準の上昇│
        │影響しない │      └────┬────┘   └────┬────┘
        └─────────┘           ▼             ▼
                        ┌─────────┐   ┌─────────┐
                        │資本の海外へ│   │輸入の増加│
                        │の流出    │   └────┬────┘
                        └────┬────┘        │
                             └──────┬──────┘
                                    ▼
                       ┌──────────────────────┐
                       │ 民間におけるドル買いの進行 │
                       └──────────────────────┘
```

図8-4　不胎化された為替介入政策と不胎化しない為替介入政策

景気が良くなり、輸入が増加するため、円売り・ドル買いとなります。よって、**不胎化しない為替介入政策**の場合、日銀のドル買いは民間のドル買いを追加的に引き起こすことになります。よって円高の緩和のためのドル買いによる為替介入政策は不胎化しない場合のほうが効果は大きいといえます。急速な円安の進行を回避するための日銀のドル売りについても同じように考えることができます。

● 貨幣の需要

これまで貨幣供給の側面をみてきましたが、一方の**貨幣需要**の面はどうなっているでしょうか。貨幣の需要とはある一定の所得や資産をもつ経済主体がそのうちのどれだけを現金や預金という貨幣の形で保有したいかということで、この大きさを貨幣の需要量といいます。それ以外の形で保有する場合は、土地や株や債券などの形で保有することとなります。貨幣の形で保有したいと思う主要な理由は3つあります。

第1の理由は、**取引的需要**といわれるもので、日常生活で通常必要とする財・サービスの購入のために必要な貨幣を手元においておこうとするものです。第2の理由は、**予備的需要**といわれるもので、日常生活で病気や災害など予期しない事態に備えて貨幣を手元に置いておこうとするものです。これら2つの理由により貨幣を手元においておこうとする場合、その量は所得が大きいほど大きいものと考えられます。よって国内総所得Y^sが大きいと貨幣の需要量も大きいと考えられます。貨幣を手元に置いておこうとする第3の理由は、**投機的需要**といわれるものです。一定の所得があり、所得に余裕がある場合、それを上手に運用すると所得や資産を大きくすることができます。

貨幣の需要   185

♦キーポイント　貨幣需要（手元に貨幣を保有しようとすること）

- 取引的需要……日常生活のために貨幣を保有

- 予備的需要……万が一のために貨幣を保有

- 投機的需要……資産の増加の機会を考えて貨幣を保有

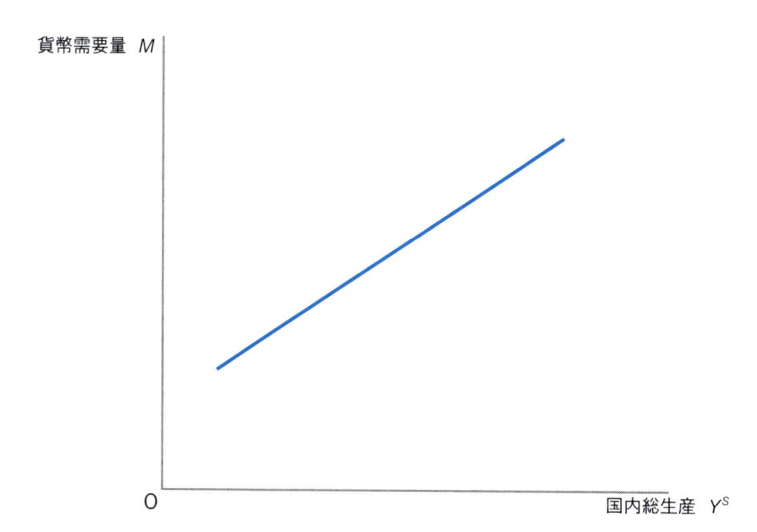

図8-5　貨幣需要 ①：取引的需要・予備的需要
これら2つの需要は経済全体の生産活動の大きさ（国内総所得＝国内総生産）が大きいほど増加します。

たとえば土地を購入して，それを貸すことで地代収入が得られます。また債券や株式を購入すれば，それぞれ債券からの利子収入や株式からの配当が得られます。これらの資産からの収入の大きさは経済活動で資金を必要としている各経済主体が資金を借りるときに支払う**市場利子率** r で表されます。所得に余裕のある人が土地や債券・株式などの資産を購入する場合，市場利子率が高いときのほうが低いときよりも収益率が大きいため，市場利子率の低いときにはこれらの資産の購入をひかえて現金や預金，すなわち貨幣の形で手元に置いておき，市場利子率が高くなったときに購入しようとします。よって市場利子率 r が低い場合は貨幣需要は大きく，市場利子率 r が高くなると貨幣需要は小さくなります。

● 貨幣市場の均衡

以上の3つの理由にもとづく国内の貨幣の総需要は，結局，国内総所得 Y が大きいほど大きくなり，市場利子率 r が低いほど大きくなります。このことから国内の貨幣の総需要量を M^D とすると，M^D は Y と r の関数として

$$M^D = f(Y, r) \qquad (8.1)$$

と表されます。この関数 (8.1) を**貨幣需要関数**といいます。国内総所得 Y は国内総生産 Y^S と同じ大きさですから，(8.1) は

$$M^D = f(Y^S, r) \qquad (8.2)$$

となります。ここで関数 f は Y^S が大きいと M^D は大きく，r が低いと M^D は大きいという性質をもっています。

中央銀行（日銀）が公定歩合や公開市場操作等の手段で国内に供

貨幣需要量 M

市場利子率 r

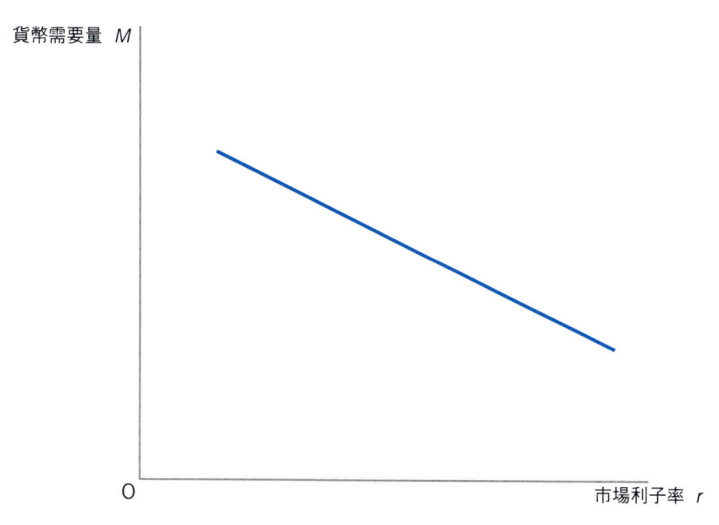

図8-6 貨幣需要②：投機的需要
市場利子率が低いときには貨幣を手元に置いて債券や土地など資産の購入はひかえ，市場利子率が高いときには貨幣を売って，債券や土地を買い，利子収入を高めようとします。

↑キーポイント　貨幣需要関数

$M^D = f(Y, r)$　　　$Y\uparrow \Rightarrow M^D\uparrow$, $r\uparrow \Rightarrow M^D\downarrow$

　貨幣の需要量は国内総所得が大きいほど大きく，市場利子率が高いほど小さくなる。

給する貨幣の総供給量をM^Sとしましょう。貨幣市場における均衡とは国内における貨幣の総供給量と総需要量が等しい状態をいいます。よって

$$M^S = M^D \tag{8.3}$$

が**貨幣市場の均衡**を表します。もし総供給量M^Sが総需要量M^Dより大きいなら，民間経済主体が保有したいと思う貨幣量を上回る貨幣量が国内に出回っているため，市場利子率rの低下や国内総所得Y^Sの増加を通して貨幣需要が増加することでM^SとM^Dは等しくなります。もしM^DがM^Sより大きいなら，その逆にrが上昇やY^Sの減少によってM^Dが減少することでM^SとM^Dが等しくなります。よって貨幣市場も財市場と同様，通常は (8.3) の均衡状態にあると考えることにします。

(8.2) を使用すると，(8.3) で表される貨幣市場の均衡は

$$M^S = f(Y^S, r) \tag{8.4}$$

と表されます。ここでM^Sは日銀によって決められるため一定とします。M^Sを一定として，(8.3) を成立させるY^Sとrの関係についてみていきましょう。

● LM曲線

図8-7において，Y^SがY_1^Sのとき (8.4) を満たすrをr_1としましょう。Y^Sが増加すると，(8.2) によってM^Dが増加し$M^D > M^S$となるため，ふたたび (8.2) によってrが上昇します。それによりM^Dをもとに戻すことで$M^S = M^D$が回復されます。よって (8.4) を満たすY^Sとrの関係はY^Sが大きいほどrも高くなるという関係になり

LM 曲線

♦ キーポイント　貨幣市場の均衡

貨幣供給量 M^S ＝ 貨幣需要量 M^D

　　　↑　　　　　　　　↑
日銀が決める公定歩合，　　貨幣需要関数 $f(Y, r)$
公開市場操作　　　　　　（取引的需要，予備的需要，
　　　　　　　　　　　　投機的需要をあわせたもの）

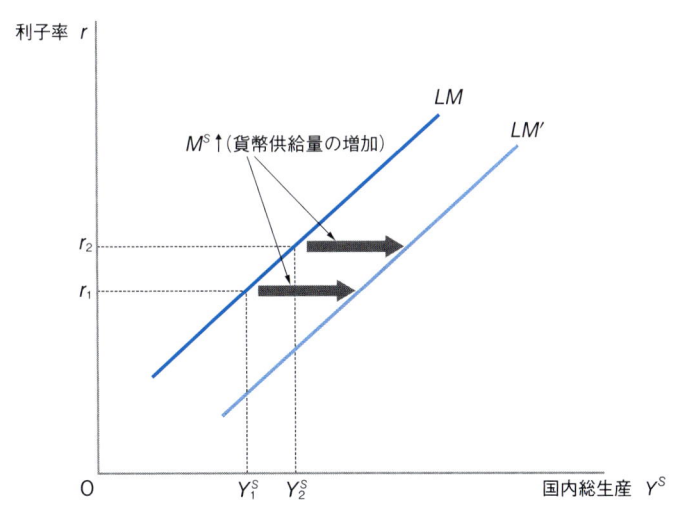

図8-7　LM曲線とLM曲線のシフト

ます。このY^Sとrの関係は図8-7の右上がりの曲線LMで示されます。貨幣市場の均衡を示す（8.4）のY^Sとrの関係を表す右上がりの曲線LMのことを*LM曲線*といいます。

日銀が公定歩合の引き下げや公開市場操作における買いオペ, あるいはドル買いを行うと, 国内の貨幣供給量M^Sが増えます。このとき$M^S > M^D$となります。もし利子率水準が変化しなければ, $M^S = M^D$となるために, M^Dを増加させるように（8.2）においてY^Sが増加しなくてはなりません。このことは利子率rがどの水準に固定されていても成立しますから, 貨幣供給量M^Sの増加は, 図8-7において, LM曲線をLMからLM'へと全体的にY^Sを増加させるように右側にシフトさせることになります。

■ 本章のまとめ

貨幣の主要な役割には財の交換における媒体としての機能があります。貨幣は具体的には現金通貨と預金であり, 貨幣量の大きさは国内総生産の水準や物価水準に影響を及ぼします。中央銀行は公定歩合の操作や公開市場操作によって国内の貨幣供給量をコントロールします。また為替市場への介入のためのドル買いやドル売りをすることによっても貨幣供給量は変化します。

一方貨幣を手元に保有しておこうという, 貨幣の需要については, 取引的需要, 予備的需要, そして投機的需要があります。とくに投機的需要は市場利子率に影響を受け, 利子率が低いと貨幣の需要量は大きくなります。また国内総生産水準が上昇すると貨幣需要量は大きくなります。貨幣と供給量と需要量が等しいとき貨幣市場は均衡しているといいます。

貨幣市場が均衡にあるときの国内総生産水準と市場利子率の関係を表したグラフをLM曲線といいます。LM曲線は貨幣供給量の大きさによって変化をします。

第9章
開放経済下での財政・金融政策

はじめに

ここでは，開放経済下での財政政策と金融政策について説明します。通常のマクロ経済学では，国際貿易や国際間資本移動のない閉鎖経済のもとでの財政政策や金融政策が説明されていますが，ここではそれを，財・サービスや資本の国際間取引のある場合において考えていきます。この問題はアメリカの経済学者，マンデルとフレミングによって体系化されたので，マンデル=フレミング・モデルとして知られています（p.14参照）。

国際収支の均衡

閉鎖経済においては，経済全体の均衡は財市場と貨幣市場の2つの市場が同時に均衡する場合で，それによって均衡利子率と国内総生産が決まります。財政政策としての政府支出や金融政策としての貨幣供給量を操作することによってこの国内総生産を望ましい水準，すなわち完全雇用を達成できるような水準に導こうというのが政府の役割となります。開放経済下の経済全体の均衡では，これら2つの市場に加えて，国際収支が均衡する必要があります。これら3つの均衡から決まる国内総生産を望ましい水準に導くための政府による財政政策と金融政策を考えていきます。

財市場の均衡と貨幣市場の均衡については第7章と第8章で説明しましたので，ここでは残りの国際収支の均衡について説明します。第6章で説明したように，国際収支は経常収支から金融収支を引いた大きさで表されます。ここで大雑把には経常収支は「輸出−輸入」で示され，金融収支は資本（資金）の「海外への流出−国内への流入」で示されます。よって輸出をE，輸入をM，金融収支をKとすると，国際収支Bは

表9-1 国際収支

(単位：億円)

経常収支	194,001	
金融収支	200,315	
資本移転等収支	−2,105	ここでは
誤差脱漏	8,419	これらを捨象

(注) 数値は表6-1のもの。

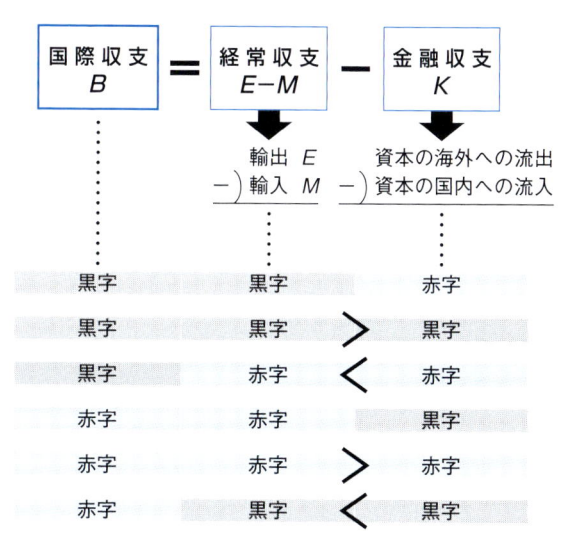

国際収支 B	=	経常収支 $E-M$	−	金融収支 K
		輸出 E −）輸入 M		資本の海外への流出 −）資本の国内への流入
黒字		黒字		赤字
黒字		黒字	>	黒字
黒字		赤字	<	赤字
赤字		赤字		黒字
赤字		赤字	>	赤字
赤字		黒字	<	黒字

図9-1 国際収支の式

輸出Eが輸入Mを上回っているなら，海外に財・サービスを売る額のほうが海外から財・サービスを購入する額よりも大きいため，経常収支（$E-M$）は黒字となります。逆に輸入Mが輸出Eを上回れば経常収支は赤字となります。同様にして，海外への資本（資金）の流出が海外からの資本の流入を上回れば金融収支Kは黒字となり，逆に流入が流出を上回れば金融収支Kは赤字となります。経常収支（$E-M$）が金融収支Kを上回れば国際収支Bは黒字であり，下回れば国際収支Bは赤字となります。

$$B = E - M - K \tag{9.1}$$

というように式で表すことができます（図9-1）。

ここで金融収支について考えてみます。一般に資産購入のための資金（資本）の流出入は、**海外の利子率と国内の利子率の差**によって生じます（図9-2）。

いま、海外の利子率を $\bar{r}$ としましょう。仮に国内の利子率 r が $\bar{r}$ より大きいなら、海外の資本はより高い利子を稼ぐことができるため国内に流入してきます。逆に海外利子率 $\bar{r}$ のほうが国内利子率 r より高いなら、国内の資本は海外に移すことでより大きい利子を得られるため国内から資本の流出が生じます。すなわち、$r > \bar{r}$ のとき、その差が大きいほど、海外からの資本の流入は大きくなり、よって金融収支 K はマイナス方向に大きくなります。逆に $r < \bar{r}$ のとき、その差が大きいほど、国内からの資本の流出は大きくなり、よって金融収支 K はプラス方向に大きくなります。

したがって、資本収支 K は $\bar{r}$ と r の差である $\bar{r} - r$ の関数として

$$K = k(\bar{r} - r) \tag{9.2}$$

と表すことができます。ここで k は、$\bar{r} - r$ によって K が決まることを表す関数です。

（9.2）と第8章で説明した輸入関数 $M = mY + n$ を（9.1）に代入して、$Y = Y^S$ を考慮すると、**国際収支の均衡条件**は

$$E - (mY + n) - k(\bar{r} - r) = 0 \tag{9.3}$$

となります。ここで輸出 E は外国が日本からどれだけ財・サービスを購入するかによって決まるため、日本にとっては与えられた大

国際収支の均衡

国内の利子率 r

海外の利子率 $\bar{r}$

海外の利子率と国内の利子率の差

$r < \bar{r}$ のとき ⟹ 資本の流出

$r > \bar{r}$ のとき ⟸ 資本の流入

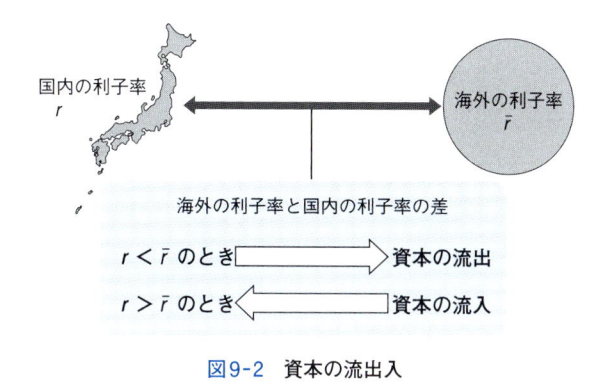

図9-2　資本の流出入

✦ キーポイント　国際収支の均衡

国際収支が均衡状態にある，つまり

$$\underset{\left(\begin{array}{l}\text{・輸出代金の流入}\\ \text{・海外の資産売却による資本流入}\end{array}\right)}{\text{資金の海外からの流入}} = \underset{\left(\begin{array}{l}\text{・輸入代金の支払による流出}\\ \text{・海外資産購入による資本流出}\end{array}\right)}{\text{資金の海外への流出}}$$

であるとき，

$$\underbrace{(\text{輸出})-(\text{輸入})}_{\text{経常収支}} - \underbrace{[(\text{資本流出})-(\text{資本流入})]}_{\text{金融収支}} = 0$$

となる。

BP曲線

日本と海外との間の資本の移動は、きわめて自由で何の障害もないものとします。このような状況のもとでは、日本の利子率 r が海外の利子率 $\bar{r}$ より少しでも高いと海外から大量の資本が流入してきます。すなわち、$\bar{r}<r$ ならば $k(\bar{r}-r)$ はきわめて大きなマイナスの値をとるため、経常収支 $E-(mY^S+n)$ がどのような有限の大きさであってもそれを $k(\bar{r}-r)$ が下回ることになり、国際収支 B は $B=E-(mY+n)-k(\bar{r}-r)>0$ となります。

逆に日本の利子率 r が少しでも海外の利子率 $\bar{r}$ より小さい場合には、海外に日本から大量の資本が流出するため、$k(\bar{r}-r)$ はきわめて大きなプラスの値をとるため経常収支 $E-(mY^S+n)$ の大きさとは関係なく $B<0$ となります。

このように r と $\bar{r}$ の違いがわずかであっても大量の資本の流出入が生じる場合、国際間資本移動は完全であるといいます。この場合 $r=\bar{r}$ のときにのみ $B=0$ となります。

以上から、(9.3) で $B=0$ となる曲線は図9-3のように r が $\bar{r}$ の水準の水平線で描けます。国際収支の均衡、すなわち $B=0$ を表すこの曲線を *BP曲線* といいます。図9-3において BP曲線の上方は $r>\bar{r}$ ですから $B>0$ です。BP曲線の下方は $r<\bar{r}$ ですから、$B<0$ となります。

開放経済下での経済全体の均衡

これまでは財市場の均衡、貨幣市場の均衡と国際収支の均衡についてそれぞれ独立に説明してきました。経済全体が均衡状態にある

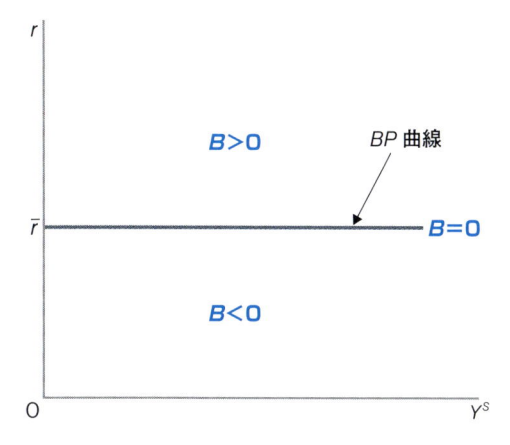

図9-3　資本移動が完全な場合のBP曲線

♦キーポイント　固定為替相場制下での開放経済の経済全体の均衡

　財市場・貨幣市場・国際収支の3つが同時に均衡するとき，国内総生産・市場利子率・外貨準備が決まる。

[例]　貨幣市場・国際収支が均衡，財市場のみ総供給より総需要が大きい場合
①財市場では品不足のため，生産が拡大することで財市場が均衡に向かうが，生産の拡大は貨幣市場において貨幣需要を大きくさせて，貨幣供給量より貨幣需要量が大きくなるため，不均衡が生じる。
②国際収支についても生産量が拡大することで輸入関数を通じて輸入が増加するため，国際収支が赤字になる可能性がある。
③したがって経済はそこにとどまらず，財市場・貨幣市場・国際収支3つの均衡を同時に成立させる別の経済状態に向っていくことになる。

とはこれら**すべての均衡が同時に成立している場合**をいいます。本章では経済全体は通常、均衡状態にあると考えます。その理由は、これら3つの均衡のうち1つでも均衡していないものがあると、経済は変化して3つの均衡を成立させる経済状態に近づこうとするため、通常は財市場、貨幣市場、国際収支の3つが均衡状態あるいはそれに近い状態にあると考えられるからです。

財市場、貨幣市場、国際収支のすべてが均衡しているときの国内総生産 Y^S と国内利子率 r の大きさは**図9-4**の点 E で示されます。点 E では財市場の均衡を表す IS 曲線と貨幣市場の均衡を表す LM 曲線と国際収支の均衡を表す BP 曲線が交わっているため、この点ですべてが均衡していることになります。

ただし、ここでは国際間の資本移動は完全であるとして、BP 曲線は国際利子率 $\bar{r}$ の水準で水平となっているものとしています。以下ではこのような場合を扱っていくことにします。点 E で表される経済全体の均衡では、**図9-4**に示されるように国内利子率 r は国際利子率 $\bar{r}$ に等しく、国内総生産 Y^S は Y^{S*} となります。Y^{S*} の国内の生産水準は国内の労働者のすべてを雇用吸収できるほど高くないものとします。すなわち失業が存在するものとします。そして働きたい人々をすべて雇用できる、すなわち**完全雇用**を達成できる国内生産の水準を $\hat{Y}^S$ としましょう。

失業が存在する Y^{S*} の水準にある経済は望ましくありません。そこで Y^{S*} を完全雇用を達成できる $\hat{Y}^S$ の水準に引き上げるための政策を考えることにします。通常政府が行う代表的な政策として財政政策と金融政策があります。以下では、これら2つの政策について、為替相場が固定為替相場制のもとで説明していくことにします。

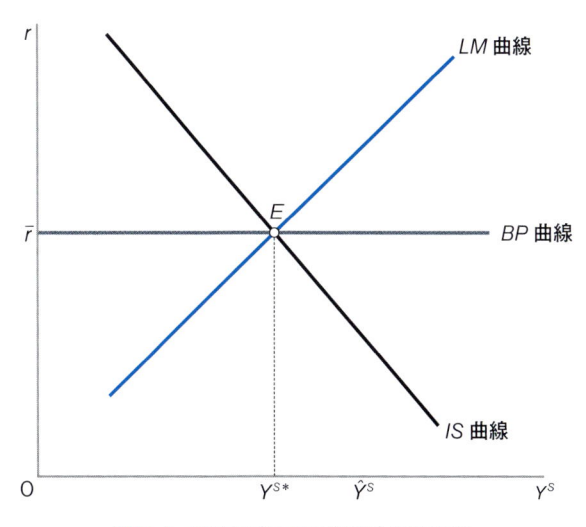

図9-4　開放経済下での経済全体の均衡

固定為替相場制下での財政政策

国際間取引のない閉鎖経済においては、**財政政策**として政府支出 G を増加させることで国内総生産 Y^S を増加させることができました。開放経済下でも財政政策による政府支出 G の増加が国内総生産 Y^S を増加させるかどうかを以下ではみていくことにします。

図9-4と同じ図が図9-5に示してあります。経済の均衡は点 E でそのもとでの国内総生産は Y^{S*} で示されています。

いま、財政政策として政府支出 G を増加させたとき、第8章で説明したように、IS 曲線である IS は右側にシフトして IS' となります。よって国内の財市場と貨幣市場の同時均衡を表す点は新しい財市場の均衡を表す IS 曲線である IS' と貨幣市場の均衡を表す LM 曲線である LM の交点 F となります。点 F では、国内利子率は r' となり、これは国際利子率より高くなります。なぜなら、政府による財政支出 G の増加によって、国内の財需要が増加し、そのため財取引に必要とする貨幣需要が増加するにもかかわらず、貨幣供給は一定であることから貨幣不足が生じるからです。これによって貨幣を借りるための利子率が上昇することになるからです。

日本国内の貨幣不足から $r' > \bar{r}$ となり、それによって海外から大量の資本流入が生じるため、国際収支は黒字となります。すなわち点 F では $B > 0$ となります。変動為替相場制の場合にはこの $B > 0$ を $B = 0$ とするために為替レートが変化しますが、ここでは固定為替相場制を考えているため、$B > 0$ に対応するため、利子率の高い円を求めて大量に流入したドルに対応するため日銀はドル買いを行います。これによって第8章で説明したように国内の貨幣供給量が増加します。

これによって、図9-4の LM 曲線である LM は右側方向にシフト

財政支出 ↑ ⇒ IS 曲線の右側シフト　IS → IS′

均衡点は E から F にシフト

国内利子率の上昇　$r' > \bar{r}$

資本の流入による国内貨幣供給量の増大

LM 曲線の右側シフト　LM → LM′

均衡点は F から G にシフト

国内総生産水準の上昇　$Y^{S*} → Y^{S'}$

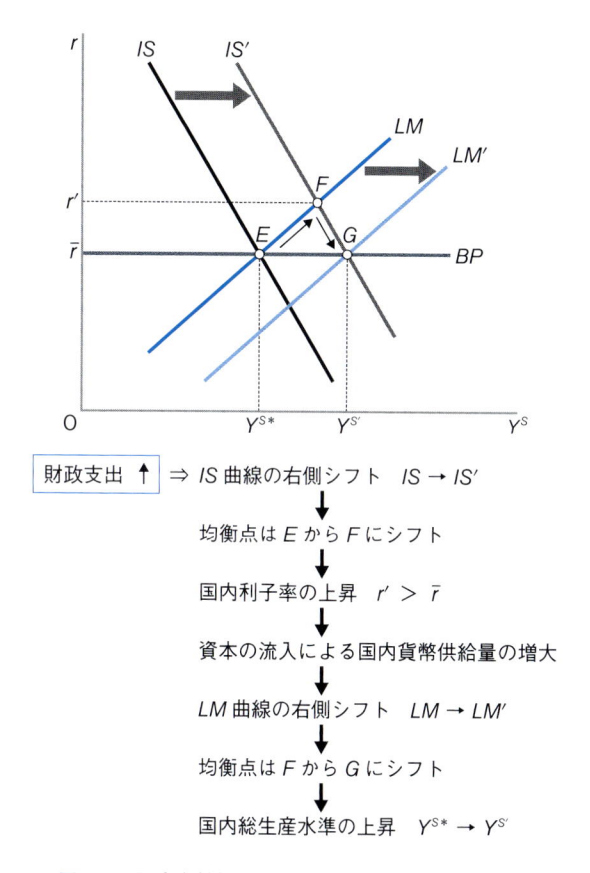

図9-5　固定為替相場制下での財政政策のメカニズム

していきます。これは$B>0$,すなわち$r'>\bar{r}$である限り続き,結局LMはLM'まで移動します。新しい経済全体の均衡点はGとなります。ここでは新しい財市場の均衡を表すIS曲線であるIS'と新しい貨幣市場の均衡を表すLM曲線であるLM'とBP曲線が交わっています。ここでは$B>0$,すなわち国際収支の黒字は解消されて,$B=0$となっています。

もとの均衡点Eと財政支出を増加させて後に成立する新しい均衡点Gを比較すると,Gを適切に増加させることによって,国内総生産Y^SをY^{S*}からY^Sに増加させることができます。よって固定為替相場制のもとでの財政政策による政府支出Gの増加は失業を解消する手段として効力をもつことになります。

● 固定為替相場制下での金融政策

次に金融政策たとえば公定歩合の引き下げによる貨幣供給量の増加を行ったとしましょう。この場合,図9-6にみるようにLM曲線が右にシフトしてLM'となります。よって均衡点はEからFに移ります。ここでの国内利子率水準r'は$r'>r$となり,資本の海外への大量の流出となります。よって金融収支は大きな黒字となり国際収支もそれゆえに赤字となります。すなわち$B<0$です。この状態は図9-6の点Fで表されます。これは日銀が国内貨幣供給量を増やしたことで,貨幣供給量が貨幣需要量に比べて多すぎることが利子率の低下を招くためです。資本の海外流出は国内で保存している円をドルにかえて海外に流出させることになります。この民間の円をドルに換える要求にこたえるため,日銀は保有しているドルを売る,すなわちドル売りを行います。よって,日銀の外貨準備はこの場合減少します。

貨幣供給量 ↑ ⇒ LM曲線の右側シフト　LM → LM′

均衡点は E から F にシフト

国内利子率の下落　$\bar{r} > r'$

資本の流出による国内貨幣供給量の減少

LM曲線の左側シフト　LM′ → LM

均衡点は F から E にシフト

国内総生産水準は Y^{S*} で不変

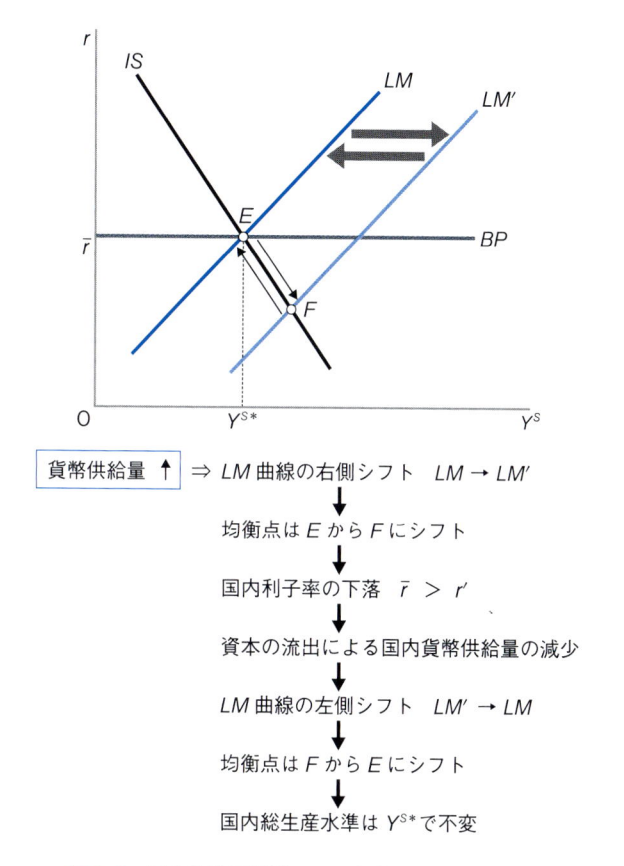

図9-6　固定為替相場制下での金融政策のメカニズム

いずれにしても，日銀の金融政策で増加させた国内貨幣供給量はそれにより生じた国内利子率の低下により，海外への資本流出を招きます。そのため増加した国内貨幣供給量はふたたび減少します。よってLMからLM'にシフトしたLM曲線はふたたびLMに戻ることになります。したがって経済は点FからEに戻ります。ここではIS曲線，BP曲線，LM曲線の3つが交わっているため，ここに経済が落ち着くことになります。結局当初Y^{S*}であった国内総生産の水準の引き上げるために貨幣供給量の増加を行っても，その分の貨幣が海外流出するため国内経済に影響を与えることができません。よって国内総生産の水準はY^{S*}にとどまるため，金融政策は国内総生産の引き上げとしては効力をもたないことになります。

海外取引のない閉鎖経済の場合は財政政策，金融政策をもとに国内総生産の水準を引き上げるための有効な手段でしたが，国際間取引のある開放経済において，固定為替相場制のもとで資本の移動が完全である場合は，国内総生産水準を上昇させるための手段として財政政策は有効ですが，金融政策は無効になります。

国際間取引のない閉鎖経済のもとでは，財市場と貨幣市場の2つの市場の同時均衡から国内総生産と国内利子率が決定されますが，本章では，この2つの市場に加えて，国際収支の均衡が加わることによってこれら3つの同時均衡から，国内総生産と国内利子率に加えて，日銀のもつ外貨準備量が決まります。すなわち，固定為替相場制のもとでは外貨準備を用いることで，ドルと円の交換を行い，国際収支を均衡させるからです。

変動為替相場制のもとでの財政・金融政策についてはふれませんでしたが，これはより進んだ議論として，右頁のコラムで紹介しておくことにします。

コラム　変動為替相場制下での財政政策

　変動為替相場制のもとでの財政政策について考えてみましょう。固定為替相場制の場合と同様に，ここでも資本移動が完全な場合を考えます。そして政府支出の増加を考えます。

　図9-5と同じような下の図9-7において，はじめに日本の経済は点Eの均衡状態にあるとします。財政支出の増加によって，IS曲線は右側にシフトしてIS'になります。そこで，国内の財市場と貨幣市場の同時均衡を表す点はFとなります。点Fでは国内利子率がr'となり，海外の利子率$\bar{r}$より高くなり，それによって海外からの資本流入が起こります。したがって，国際収支は黒字となります。すなわち円の需要が大きくなります。

　変動為替相場制のもとでは，円の需要の増大によって円高となり，その結果輸入が増えて，輸出が減少します。そこで，財市場における日本の財の需要は減少するため，曲線IS'は左側にシフトします。このシフトは国内の利子率が海外の利子率と同じになるまで続きますから，結局IS'はもとのISに戻り，経済は結局もとの均衡点Eに帰ることになります。よって，財政支出の増加によって国内総生産水準を引き上げることはできません。

　固定為替相場制のもとでは，財政政策によって国内総生産水準を変化させることができたのとは結果は反対になります。

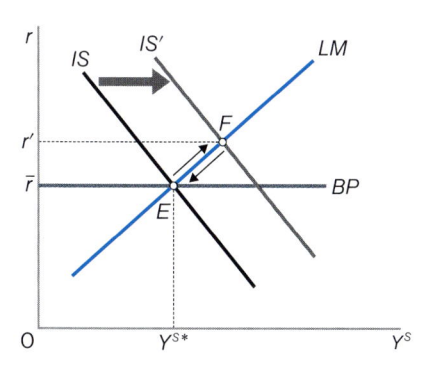

図9-7　変動為替相場制下での財政政策

■ 本章のまとめ

海外取引を含めた国際マクロ経済において，一国の経済の景気回復のために政府が用いる財政・金融政策を考えます。

国際間の資本移動が完全であるとき，固定為替相場制のもとでは財政政策は景気刺激策として有効ですが，金融政策は効果がありません。なぜなら財政政策による政府支出の増加は直接的に国内総生産水準を上昇させ，さらに国内の利子率の上昇をもたらし海外から資金が流入するため，これによっても国内貨幣供給量が増加することで，国内総生産が活発になるためです。

金融政策による貨幣供給量の増加は国内総生産水準を引き上げますが，一方において国内の利子率を低下させるため資金の海外流出を引き起こし，国内の貨幣量を減少させ，結局国内総生産水準をもとの水準に戻してしまうからです。

一方，変動為替相場制のもとでは財政政策は効果がありませんが，金融政策は有効となります。財政政策の場合，政府支出の増加は直接的には国内総生産を増加させますが，国内の利子率の上昇によって，資本の流入を引き起こし，国際収支が黒字となるため，円高を招き，輸入が増えて，輸出が減少します。これによって国内総生産水準は低下して，結局もとの水準に戻ります。

金融政策における貨幣供給量の増加はまず直接的には国内総生産を増加させます。さらに貨幣供給量の増加によって国内の利子率が低下して，資本の海外流出が生じ，国際収支が赤字となり，円安になるため，輸出の増加と輸入の減少を引き起こします。これによって国内総生産がさらに増加します。よって，金融政策による貨幣供給量の増加は国内総生産水準を上昇させます。

コラム　変動為替相場制下での金融政策

　変動為替相場制のもとでの金融政策について考えましょう。資本移動が完全な場合を扱います。

　図9-6と同じような下の図9-8においてはじめに日本の経済は均衡点Eにあるとします。ここで貨幣供給量を増加させると、LM曲線は右側にシフトしてLM'となります。そこで、国内の財市場と貨幣市場の同時均衡を表す点はFとなります。点Fでは国内利子率がr'となり、海外の利子率$\bar{r}$より低くなるので、それによって海外への資本の流出が起こります。したがって、国際収支は赤字となります。すなわち円の需要が低下します。

　変動為替相場制のもとでは、円の需要の低下は円安を導き、その結果輸入が減って、輸出が増えます。そこで、財市場における日本の財の需要は増加するため、IS曲線は右側にシフトします。このシフトは国内の利子率が海外の利子率と同じになるまで続きますから、結局IS曲線のシフトはIS'になるまで続きます。最終的に経済は財市場、貨幣市場、国際収支が同時に均衡する点Gになります。よって貨幣供給量の増加によって国内総生産水準は当初のY^{S*}から$Y^{S'}$に上昇します。

　固定為替相場制のもとでは、金融政策によって国内総生産水準を上昇させることができたのとは結果は反対に、変動為替相場制のもとでは、金融政策は国内総生産水準に影響を与えることができます。

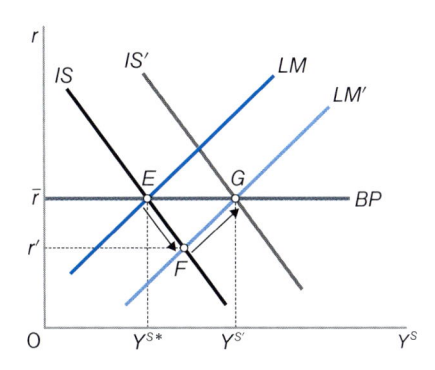

図9-8　変動為替相場制下での金融政策

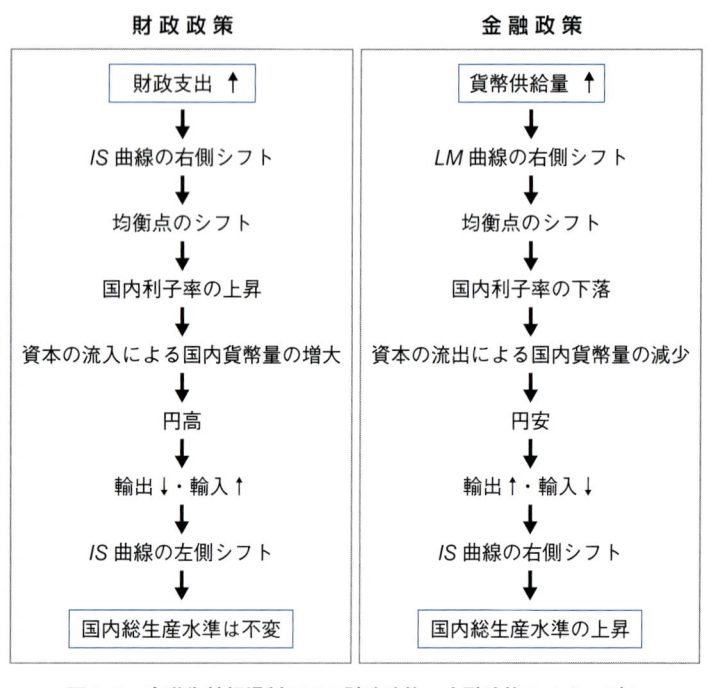

図9-9 変動為替相場制下での財政政策・金融政策のメカニズム

財政政策

財政支出 ↑
↓
IS曲線の右側シフト
↓
均衡点のシフト
↓
国内利子率の上昇
↓
資本の流入による国内貨幣量の増大
↓
円高
↓
輸出↓・輸入↑
↓
IS曲線の左側シフト
↓
国内総生産水準は不変

金融政策

貨幣供給量 ↑
↓
LM曲線の右側シフト
↓
均衡点のシフト
↓
国内利子率の下落
↓
資本の流出による国内貨幣量の減少
↓
円安
↓
輸出↑・輸入↓
↓
IS曲線の右側シフト
↓
国内総生産水準の上昇

> **♦キーポイント** マンデル=フレミング・モデルにおける景気刺激政策の有効性
>
> 　国際的な資本移動が完全な場合，固定為替相場制のもとでは財政政策は有効であるが金融政策は無効である。
> 　一方，変動為替相場制のもとでは財政政策は無効であるが金融政策は有効である。

第10章
国際通貨制度と日本の円

🌐 国際通貨とは

　第8章の貨幣市場の冒頭で，貨幣の重要な機能は財・サービスの交換の媒介をすることによって，財・サービスの交換をしやすくすることであるといいました。その他にも，p.177のキーポイント「貨幣の機能」にあげたように，富を貯蔵する機能や物の価値を表すための価値尺度としての機能があります。貨幣は預金と現金から構成されることも第8章で説明しました。現代の日本の貨幣は貨幣単位として円を用いています。そして，この円で表される貨幣は基本的に日本の国内での財・サービスの交換や富の貯蔵，財・サービスの価値の表示，すなわち価格表示に用いられます。したがって，日本の貨幣である円は通常，外国においてそのまま日本国内と同じように使用することはできません。

　国際通貨とは，国際的な場において，財・サービスの取引や価値表示，富の貯蔵の機能を果たしうるような貨幣のことです。世界のどこでも貨幣としての機能を果たしている理想的な国際通貨は現在，世界には存在しませんが，各国が発行している通貨の中では，国際通貨に比較的近い役割を果たしているものとして，アメリカの**ドル**があります。その理由は多くの国々が，国境を越えて，財・サービスの取引（すなわち国際貿易など）や金融的な取引（すなわち国際投資など）を行うときの決済手段としてドルを用いることが多いためです。実際には，日本がアジアの国と取引をする場合には，時として円が用いられることもありますし，ヨーロッパにおいてはユーロが国家間での取引に利用されていますから，世界における国家間でのすべての取引にドルが用いられているわけではありません。しかし，円やユーロに比べて，世界において用いられるのは，圧倒的にドルが多いのが現状です（**表10-1，表10-2**）。

表10-1 世界の外国為替取引における通貨別シェア

(単位：%)

	2001年	2004年	2007年
アメリカドル	90.3	88.7	86.3
ユーロ	37.6	36.9	37.0
円	22.7	20.2	16.5
イギリスポンド	13.2	16.9	15.0
スイスフラン	6.1	6.0	6.8
オーストラリアドル	4.2	5.9	6.7
カナダドル	4.5	4.2	4.2
その他の通貨	21.4	21.2	27.5
合計	200.0	200.0	200.0

(出所) BIS *Triennial Central Bank Survey December 2007, Foreign Exchange and Derivatives Market Activity in 2007.*
(注) 為替取引は，2つの通貨間取引であり（ドル対円，ユーロ対ドル等），1つの取引がそれぞれの通貨シェアに含まれるため，合計は200％となる。

表10-2 東京外国為替市場における通貨別取引構成

(単位：%)

	2001年	2004年	2007年
ドル/円	69.2	60.6	58.2
ユーロ/ドル	13.2	11.7	10.8
ユーロ/円	4.2	6.9	5.9
その他	13.4	20.8	25.1
合計	100.0	100.0	100.0

(出所) *Central Bank Survey of Foreign Exchange and Derivatives Market Activity in April 2007: Turnover Data, Japan.*

なぜこのように，現代においてドルが世界における多くの取引に用いられるようになり，国際通貨に近い機能をもっているのかを知るために，国際通貨について歴史的にみていくことにしましょう。

金本位制

通貨が金と交換（兌換）可能な制度を金本位制といいます。ある国が金本位制を採用すると，その国の通貨が金に裏づけられるためその国の通貨は信用力が増します。各国が金本位制を採用すると，国際間の通貨の交換は金を媒体として行われるため，実質的に金が国際通貨としての役割を果たすようになります。国際間の経済取引に直接金を用いるのは持ち運びに不便ですから，実際には金と兌換（交換）可能な通貨（銀行券）をそれぞれの国が発行します。そこで自国の通貨と他国の通貨の交換比率，すなわち為替レートは金と通貨との交換比率をもとに決まります。たとえば，金本位制移行間もないころの日本では，10円札は純金7.5 gを含む10円金貨と交換可能でした。当時のアメリカでは1ドル札は1.504656 gの金と交換可能でしたので，換算すると1ドルは2.0060180円になります。

金本位制は19世紀半ばに，当時経済力のあったイギリスが，大量の金を保有していたため，それをもとに金本位制を採用しました。その後，19世紀後半に，フランス，ドイツ，オランダなどの国が金本位制を採用して，これらの国の間での通貨の交換は金を媒介とした固定レートで行われるようになり，国際的な金本位制が確立しました。日本は日清戦争の勝利によって，清国から巨額の賠償金を，イギリスのポンドで受け取りました。このポンドで得た賠償金を金に交換して，これをもとに1897年から金本位制を採用して，国際的な金本位制の仲間入りをしました。

表10-3 国際通貨制度の変遷

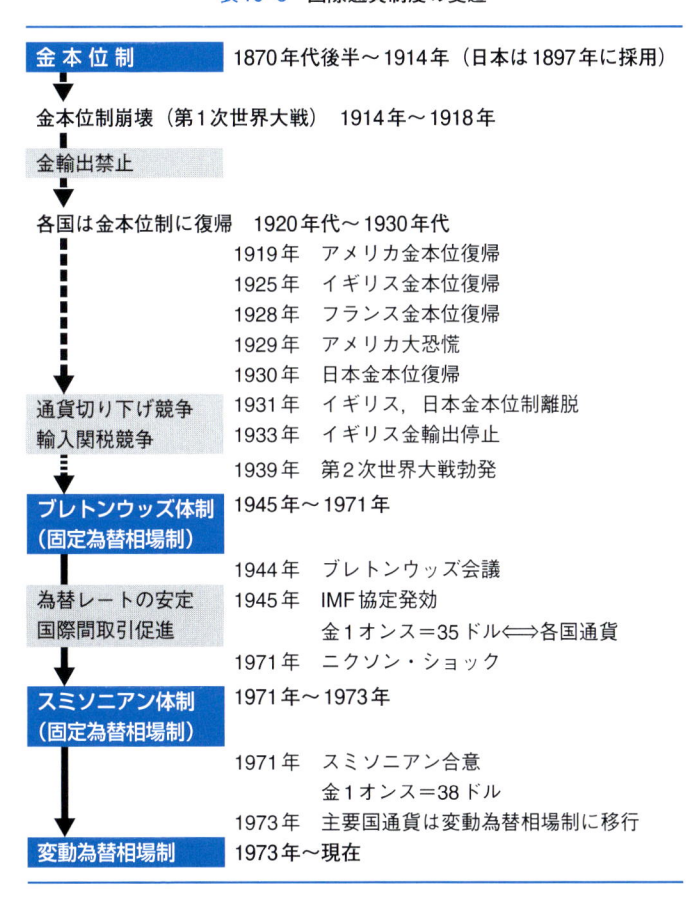

金本位制	1870年代後半～1914年（日本は1897年に採用）
	金本位制崩壊（第1次世界大戦） 1914年～1918年
金輸出禁止	
各国は金本位制に復帰	1920年代～1930年代
	1919年 アメリカ金本位復帰
	1925年 イギリス金本位復帰
	1928年 フランス金本位復帰
	1929年 アメリカ大恐慌
	1930年 日本金本位復帰
通貨切り下げ競争	1931年 イギリス，日本金本位制離脱
輸入関税競争	1933年 イギリス金輸出停止
	1939年 第2次世界大戦勃発
ブレトンウッズ体制（固定為替相場制）	1945年～1971年
	1944年 ブレトンウッズ会議
為替レートの安定	1945年 IMF協定発効
国際間取引促進	金1オンス＝35ドル⟺各国通貨
	1971年 ニクソン・ショック
スミソニアン体制（固定為替相場制）	1971年～1973年
	1971年 スミソニアン合意
	金1オンス＝38ドル
	1973年 主要国通貨は変動為替相場制に移行
変動為替相場制	1973年～現在

金本位制のもとでは、海外からモノを買うと、自国通貨（すなわちそれを裏づけている金）が海外に流出します。よって、国際収支が赤字の国は金の流出を招きます。保有する金の量が少なくなると、金に裏づけられた貨幣の国内供給量は減少します。それによって、国内の物価が下落して、国内における輸入品は高くなり、輸出品は海外で安くなるため、輸入が減少して、輸出が増え、国際収支の赤字は解消されます。このようにして、金本位制は国際収支を均衡させる働きがあります（図10-1）。

しかし、このような働きが機能するためには、各国が金の保有量に見合った量の貨幣を供給するというルールを守ることが必要です。また、貨幣供給量が減少した場合には物価が下がるというメカニズムが正常に作用していることも必要です。金本位制のもとでは、世界の金の量が世界全体の貨幣供給量を決めてしまい、各国は保有している金の量に見合った貨幣量しか発行できません。したがって第8章で説明したような金融政策による貨幣供給量を自由に調整することによるマクロ経済の運営が困難になります。そのため実際は、金の保有量に見合った貨幣量を供給するというルールがアメリカやフランスでは必ずしも守られませんでした。

国際収支が赤字の場合、金が流出して物価を下げるというメカニズムは賃金や物価の下方硬直性（価格の下がりにくさ）によって機能せず、結局、金流出による貨幣供給量の減少への対応は、生産量すなわち雇用の減少となり、失業を増加させることになりました。そして失業の抑制のために貨幣供給量を増加させる必要に迫られました。さらにイギリスでは国際収支の赤字によって金の流出が発生すると、公定歩合を引き上げて、ポンドの価値を高めることで貨幣供給量の減少につながる金の流出を抑制しました。

♦ キーポイント　金本位制

金本位制とは，19世紀に最初の国際通貨制度として形成された制度である。

金と兌換（交換）可能な通貨をそれぞれの国が発行し，金との交換比率をもとに為替レートを決めた。

♦ キーポイント　金本位制の要件

1. 各国の中央銀行により金への兌換が無制限に保証されていること。
2. 国際間で金の輸出・輸入が自由に行われること。
3. 各国が金の保有量に見あった量の貨幣を供給するというルールを守ること。

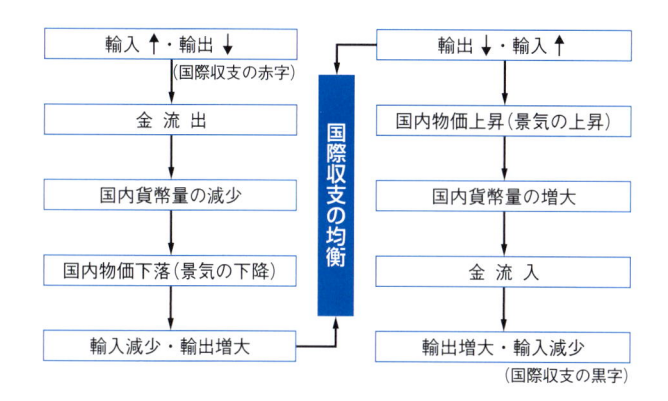

```
輸入↑・輸出↓                      輸出↓・輸入↑
(国際収支の赤字)
    ↓                                  ↓
  金 流 出          国          国内物価上昇(景気の上昇)
    ↓              際                  ↓
国内貨幣量の減少    収          国内貨幣量の増大
    ↓              支                  ↓
国内物価下落(景気の下降) の            金 流 入
    ↓              均                  ↓
輸入減少・輸出増大  衡          輸出増大・輸入減少
                                  (国際収支の黒字)
```

図10-1　金本位制の想定した国際収支の調整メカニズム

（出所）　岡村健司編（2009）『国際金融危機とIMF』財団法人大蔵財務協会より一部改変

このように，金本位制を軸とする国際通貨制度は現実にはさまざまな問題を抱えていました。

🌐 金本位制の崩壊

第1次世界大戦の勃発とともに，各国は金の輸出を禁止しました。これによって金本位制は崩壊しましたが，戦争の終了とともに，いちはやくアメリカが1919年に金本位制に復帰し，以後，イギリスが1925年に，フランスが1928年に，日本は1930年にそれぞれ金本位制に復帰しました。

しかし，1929年のアメリカの大恐慌によって世界経済は不況の嵐にみまわれ，各国は不況の克服のための対応に迫られました。金本位制のもとでは金の保有量に見合った量の貨幣しか供給できず，不況克服のための十分な金融政策が実行できないことから，各国は金本位制から離脱することになります。イギリスや日本は1931年にそれぞれ，ポンドの切り下げと円の切り下げを行い，金本位制から離脱しました。自国の通貨を切り下げることで輸出を増やし，国内の生産を活発にすることで不況を克服しようとしたのです。

ある国が不況の克服を目的として通貨の切り下げを行うと，それは他国の通貨にとっては切り上げとなり，輸出が減少します。よって通貨切り下げによる景気回復政策は他国を犠牲にするため，近隣窮乏化政策といいます。ある国がこのような通貨切り下げ政策をとると，他国はそれによって生じる通貨切り上げの不利を打ち消すため，通貨を切り下げようとします。このようにして互いに自国の通貨を切り下げあうという，通貨切り下げ競争が発生しやすくなります。実際，イギリスや日本の通貨切り下げのあと，アメリカも1933年と1934年にドルを切り下げました（図10-2）。

金本位制の崩壊

♦キーポイント　金本位制の崩壊

- 大恐慌の中，不況対策として輸出を増やすために，自国通貨切り下げ競争が行われた（近隣窮乏化政策）。
- 国内産業保護のために関税引き上げによる輸入制限が行われ，保護主義に陥った。

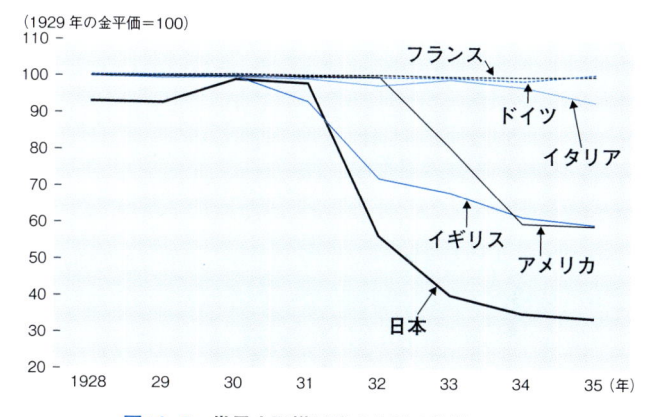

図10-2　世界大恐慌以降の各国の為替レート

（出所）　内閣府（2009）「平成21年度　経済財政白書」

1931年7月にドイツ，9月にイギリス，12月には日本が金本位制から離脱しました。日本は1930年に旧平価で金本位制に復帰し，旧平価が円の実力を大幅に上回っていたため，円高により輸出減少となっていましたが，翌年の離脱で為替レートが大幅に減価し，輸出の持ち直しに寄与しました。ドイツ，フランス，イタリアは1933～1934年に為替レートが対ドルで上昇しており，輸出の減少が続きました。

1930年代の世界的な不況の中で，各国は国内生産を活発化して，自国の景気を回復しようと，自国の輸出を増やすための通貨切り下げ政策や第4章で説明した輸入を制限するための輸入関税政策を競ってとるようになりました（**表10-4**）。そのため，国際間の経済取引は通貨の不安定性によって混乱し，国際貿易は急速に縮小していき，世界的な不況を，いっそう深刻化させることになりました。その結果，不況を克服するため，海外市場の獲得を**軍事力**に求めるようになり，それが第2次世界大戦を引き起こすことなりました。

ブレトンウッズ体制

各国の通貨切り下げ競争や関税競争が世界の貿易を縮小させて，それが第2次世界大戦の原因になったという反省から，戦後の1947年にアメリカやイギリスなどの先進国を中心として**IMF**（International Monetary Fund；**国際通貨基金**）を設立し，IMFを中心とする国際通貨体制を構築しました。この体制は第2次世界大戦末期の1944年にアメリカのニューハンプシャー州ブレトンウッズに連合国の代表が集まり，戦後の国際通貨制度について話しあったことをもとにしてでき上がったため，**ブレトンウッズ体制**といわれます。

ブレトンウッズ体制の中心的な目的は通貨の切り下げを防止して，為替レートの安定化を図ることによって，国際間の経済取引を促進させ，世界経済を発展させることにありました。そのため，当時世界の中で並外れた経済力をもっていたアメリカの経済力を背景にして，アメリカドルに国際間の経済取引における国際通貨としての役割をもたせました。具体的には，アメリカ政府が外国通貨当局に対して35ドルと金1オンスを交換することを保証し，その他の国はその国の通貨とドルとの交換比率を固定するというものでした。

表10-4 世界恐慌時の各国の保護主義政策

国　名	政　策
日　本	円ブロックの形成
アメリカ	関税引上げ（スムート・ホーレイ関税法（1930年）。対象品目の関税率を38.9％（1925年）から44.7％（1930年），59.1％（1932年）に引上げ），ドルブロックの形成
イギリス	関税引上げ（イギリス連邦内特恵関税（オタワ議定書）（1932年）。イギリス連邦以外の製品には高関税を，連邦諸国内の製品には低関税を課す），スターリングブロックの形成
ドイツ	為替統制
カナダ	3回にわたる関税引上げ（1932年まで）
フランス	関税を数量割当に転換，フランブロックの形成，自動車関税の引上げ（1929年）
イタリア	アメリカ製自動車に対する報復措置（1930年）

(出所) 内閣府（2009）「平成21年度　経済財政白書」

当時各国は植民地をもっていて，関税障壁で他の地域に需要が漏れないようブロック経済化をはかりました（表中の「円ブロック」「ドルブロック」「スターリングブロック」「フランブロック」など）。

コラム　IMF，ガット，IBRDの設立

　ブレトンウッズ体制のもとで生まれた国際機関が，IMF（国際通貨基金）とガット（GATT：関税と貿易に関する一般協定）です。IMFでは国際金融協力を促進し，為替切下げ競争を回避して為替の安定を図る目的を達成するため，加盟国相互の監視や支援などの行動規範が設定されました。また，貿易問題を調整するために，当初はITO（国際貿易機構）の設立が模索されましたが，アメリカをはじめ多くの国が批准しなかったため見送られました。その暫定措置として1948年に生まれたのがガットなのです（ガットや，それを引き継いだWTO等については第5章を参照のこと）。

　IBRD（International Bank for Reconstruction and Development：国際復興銀行，通称「世界銀行」）もブレトンウッズ体制で生まれた国際機関であり，1945年に設立されました（日本は1952年に加盟しました）。当初は，発展途上国への援助とともに，第2次世界大戦で疲弊した先進国の復興援助を目的としていましたが，いまでは，貧困国に融資やアドバイスをすることを通じて，持続可能な開発を推進し貧困を撲滅することを主な目的としています。2009年の時点で，186カ国が加盟しています。

すなわちアメリカドルは金本位制として，各国の通貨はドルに結びつけられた固定為替相場制を採用するというもので，それはドルが世界の基軸通貨としての役割を担うことを意味しました。IMFはこのような国際通貨制度が適切に運営されるための監視と支援を行う役割を担っていました。日本は1952年にIMFに加盟して，為替レートを1ドル＝360円に固定した固定為替相場制を採用しました。

　ブレトンウッズ体制は，アメリカの経済力に大きく依存した体制です。したがって，アメリカが経済的に大きく繁栄した1950年代や1960年代においては，ブレトンウッズ体制はIMFのもとでの安定的な為替レートを実現することで，関税を引き下げて貿易の自由化をめざすガットとの両輪によって世界貿易も大きく拡大させ（表10-5），世界経済の発展に大きく貢献をしました。

● 変動為替相場制への移行

　アメリカは1960年代半ばごろから本格的にベトナム戦争に介入するようになり，そのための戦費調達で経済が疲弊し始めるようになりました。一方，このころになると日本やドイツ（当時の西ドイツ）は第2次世界大戦の敗戦から立ち直り，経済力を回復してきました。このような状況の中でアメリカの経済的繁栄にもかげりが見え始めるようになりました。

　アメリカはベトナム戦争の戦費調達や民間投資の拡大のためにドルの供給を増加させ，国際収支は赤字となりました。この貨幣供給量の過度の増加はアメリカの保有する金の量の限度を超えるものであったため（表10-6），ドルと金の交換が将来保証されないのではないかという懸念から，1960年代後半にドルを売って金を買う投機的な動きが活発になりました。

表10-5 世界貿易の成長

(単位：％，年平均)

		1950～55年	1955～60年	1960～68年
世界輸出成長率	名目	8.6	6.2	8.1
	実質	6.0	5.9	7.3

(出所) 経済企画庁（1969）「昭和44年度　経済白書」

表10-6 アメリカの対外国短期債務と金保有高

(単位：百万ドル，年末)

年	対外国短期債務			金保有高	
	対通貨当局	対民間(注1)	合計（前年比）	（前年比）	
1950	3,620	3,497	7,117	22,820	
1955	6,953	4,767	11,720（＋571）	21,753（－40）	
1956	8,045	5,442	13,487（＋1,767）	22,058（＋305）	
1957	7,917	5,724	13,641（＋154）	22,857（＋799）	
1958	8,665	5,950	14,615（＋974）	20,582（－2,275）	
1959	9,154	7,077	16,231（＋1,616）	19,507（－1,075）	
1960	10,212	7,048	17,260（＋1,029）	17,804（－1,703）	
1961	10,940	7,841	18,781（＋1,521）	16,947（－857）	
1962	11,963	7,911	19,874（＋1,093）	16,057（－890）	
1963	12,467	8,863	21,330（＋1,456）	15,596（－461）	
1964	13,220	10,680	23,900（＋2,570）	15,471（－125）	
1965	13,066	11,006	24,072（＋172）	(注2)14,065（－1,406）	
1966	12,540	13,673	26,213（＋2,141）	13,235（－830）	

(出所) 三宅義夫(1968)『金――現代の経済におけるその役割』岩波書店より一部改変
(資料) *Federal Reserve Bulletin*.
(注) 1. 対民間とは，主に市中銀行を指す。
2. *Bulletin*では13,806百万ドルとなっているが，これはIMF増資に際しアメリカは1965年6月に金を259百万ドル払込み，同時にこの額を金保有高から落したことによる。IMFの統計では増資が発効した1966年2月から落している。ここでは統一上，IMF統計のほうをとる。

こうした経過から当時のアメリカ大統領リチャード・ニクソンは，金の流出を防止するため，1971年8月に金とドルの交換の停止を行いました。これは**ニクソン・ショック**といわれ，世界の基軸通貨であるドルの信用力の失墜を意味し，事実上ブレトンウッズ体制はこれによって崩壊しました。

ドルと金の交換停止というニクソン・ショックによって，為替相場制度は一時的に変動為替相場制に移行しました。ドルの信用力の低下に伴って，主要国通貨のドルに対する切り上げ（アメリカドルの引き下げ）が1971年末に実施され，その新しい為替レートのもとでの固定為替相場制による国際通貨体制が発足しました。これは**スミソニアン体制**といわれます。この体制のもとで，日本はブレトンウッズ体制のときの為替レート1ドル＝360円から1ドル＝308円に円の切り上げをしてこの固定レートを採用しました（表10-7）。

しかし，ドルの信用はそれ以降も低下し続け，ドル売りが続いたため，スミソニアン体制のもとでの固定為替相場制を維持できなくなり，1973年には完全な変動為替相場制に移行して現在に至っています。

● 変動為替相場制下でのドルと円

1973年に主要先進国は変動為替相場制に移行しましたが，それでも国際間経済取引の多くはドルを用いて行われました。1970年代後半にベトナム戦争は終結しますが，アメリカ経済はかつての勢いを回復することはありませんでした。

1981年にアメリカ大統領に就任したロナルド・レーガンは弱体化したアメリカを強いアメリカに再建するために，軍事力の強化を目指しての軍事費の拡大政策をとり，またドルを魅力あるものにし

表10-7 主要国の新しい為替レート

国　名	対ドル新レート	対ドル切上り率	対金切り上げ率
日　本	308円	16.88％	7.66％
西ドイツ	3.223マルク	13.57％	4.61％
フランス	5.116フラン	8.57％	0％
アメリカ	―	―	7.89％（1オンス＝35→38ドル）

（出所）経済企画庁（1972）「昭和47年度　経済白書」

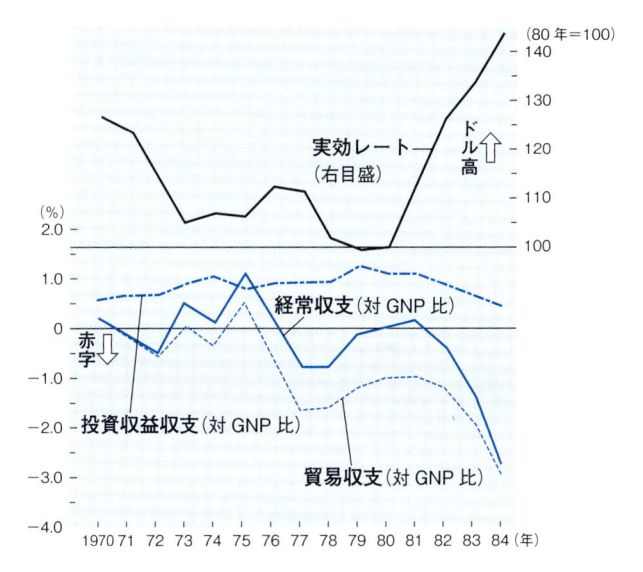

図10-3　経済収支赤字下のドル高
（出所）通商産業省（1985）「昭和60年版　通商白書」

アメリカの経常収支赤字は通常，ドルの超過供給を通じて，ドル相場を下落せしめる要因として作用しますが，当時のアメリカにおける投資の期待収益率の上昇，財政赤字の拡大等により実質高金利がもたらされていることやアメリカ経済に対する信認の高まりで，活発な資本流入が引き起こされ経常収支の赤字を上回る資本流入，ドル建資産への需要増が生まれて，ドル高となっています。ドル高はドルの購買力を高め，インフレ鎮静化に貢献しました。

ようとして高金利によるドル高誘導政策を採用しました（図10-3）。

その結果，軍事費の拡大のための政府支出の増加とドル高による経常収支の悪化によって財政支出の赤字を招きました。これらの2つの赤字は双子の赤字といわれ，アメリカ経済をより深刻化させることになりました（図10-4）。

これらの赤字のもとでアメリカのドルは信用力を失っていきますが，国際間経済取引における基軸通貨としての役割をもたせるために主要先進国はドルの買い支えを行い，実際のドルの価値よりも高い水準にドルを維持しようとしてきました。しかし，1985年9月にニューヨークのプラザホテルにおいて開催された先進5カ国の協議において，これまでのドル高の維持を放棄して，より現実的なドル安を容認していくことが合意されました。これをプラザ合意といいます。この結果，急速なドル安が進行していくことになりました。それは日本にとっては急速な円高の進行を意味します。実際，円とドルの間の為替レートはプラザ合意直前の1ドル＝240円からプラザ合意以後の1986年末の1ドル＝160円にまで円高・ドル安が進行しました（図10-5）。

● 円高と日本経済

プラザ合意による急速な円高の進行は，日本の輸出産業に大きな打撃を与え，1985年からの数年間，日本経済は円高不況になりました。そこで政府は内需拡大のための金融緩和政策として公定歩合を引き下げ，1987年2月には当時としては史上最低の2.5％にまで引き下げました。また，産業界も外国人労働者の受け入れやパートタイマーの雇用，女性労働者の採用，さらにロボットの導入などの機械化を積極的に進めることで生産コストを引き下げて円高に対応

図 10-4　アメリカの財政収支と経常収支の推移
(出所)　経済産業省 (2003)「平成 15 年版　通商白書」
(資料)　世界銀行 WDI, 米国財務省ウェブサイト, 内閣府「海外経済データ」の米国行政管理予算局データより作成

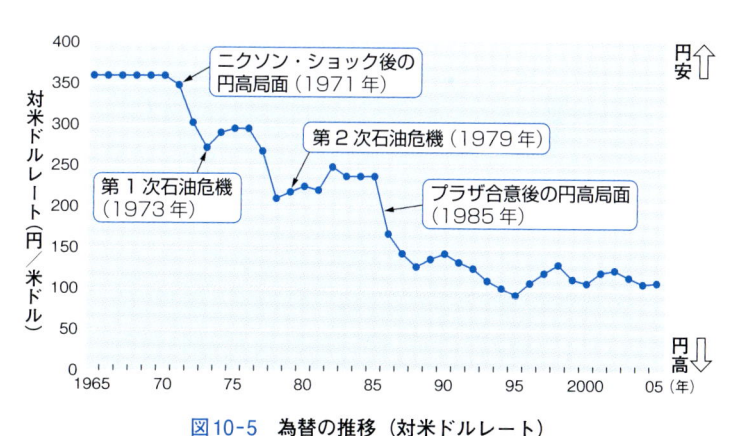

図 10-5　為替の推移（対米ドルレート）
(出所)　経済産業省対外政策総合サイト「我が国の貿易に関する Q&A」

し，この不況を乗り切りました。

　円高は一方において，円の国際的価値を高めることになり，日本で働きたいという海外からの労働者が急増し，また，海外の製品が日本において安くなることからさまざまな輸入品が日本で売れるようになりました。海外における物価が日本に比べて安くなったことから，海外旅行者もこのころから急増するようになりました。円高によって日本の平均所得はアメリカと肩を並べるようになりましたが，物価も海外に比べて高く内外価格差が存在して，高所得による豊かさを国民が必ずしも実感できたわけではありませんでした。

　そして当初の円高不況を乗り切るための超低金利政策のもとで，余剰資金が資産購入に流れて，資産インフレによる**バブル経済**が発生しました。この加熱したバブルを沈静化するために，日銀は1989年5月に公定歩合を引き上げて，金融引き締めを行いました。公定歩合は1990年8月には6％に引き上げられ，これによりバブルは崩壊しますが，逆に景気は冷え込み，1990年代は失われた10年といわれる**平成不況**となりました。

　これを克服するために公定歩合も世界経済が未経験の低水準であるゼロに近い水準にまで引き下げられますが（**ゼロ金利政策**），それでも日本の景気は低迷し続けました。

　平成不況に入ると，日本は国内需要の落ち込みをカバーするために海外への輸出依存度を高める一方（**図10-6，図10-7**），輸入の落ち込みによって経常収支が大幅な黒字となり（**図10-8**），そのため円高がいっそう進行しました。そして，1995年4月には1ドル＝79円を記録しています。

円高と日本経済

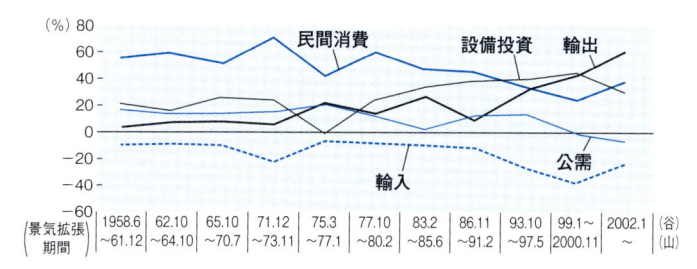

図10-6 各景気局面における需要項目別寄与率
(出所) 内閣府 (2008)「平成20年度 経済財政白書」
(資料) 内閣府「国民経済計算」より作成
(注) 期間は景気拡張期（景気の谷から山）のみを取り上げたもの。図中には民間在庫品増加と民間住宅が含まれていないことなどから，各項目の寄与率の合計は100％にはならない。

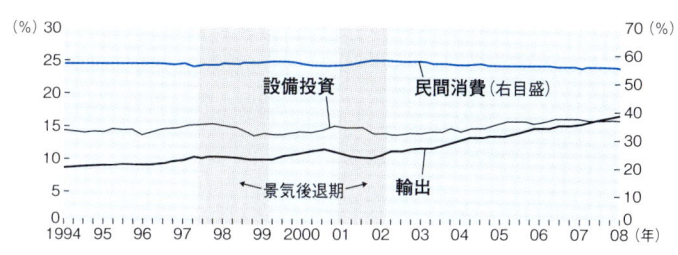

図10-7 主な需要項目のGDPに占める割合の推移
(出所) 内閣府 (2008)「平成20年度 経済財政白書」
(資料) 内閣府「国民経済計算」より作成

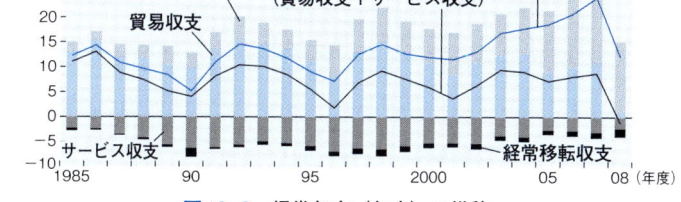

図10-8 経常収支（年度）の推移
(出所) 内閣府 (2009)「平成21年度 経済財政白書」
(資料) 財務省「国際収支統計」より作成

世界を駆けめぐる投機マネー

　変動為替相場制のもとでは，為替レートは絶えず変化するため，通貨交換のタイミングによって，通貨交換による利益や損失が発生します。

　通貨交換によって生じる利益と損失はそれぞれ，**為替差益**と**為替差損**といいます。たとえば1ドル＝150円のときに手持ちの300円をドルに変えると2ドルになります。1年後に為替が円高の1ドル＝100円になったとします。このときこの2ドルを円に変えると200円となり，100円の為替差損が発生します。逆に円安の1ドル＝200円になった場合には2ドルは400円となり100円の為替差益が発生します。

　よって変動為替相場制のもとでは，単に貿易のために通貨を交換するだけでなく，貿易とは無関係に為替差益を狙って，通貨の交換を行う投機的なお金が世界を動くようになります。このような大量のお金の世界的な動きは，為替レートを変化させて，国の実態経済に影響を与えます。たとえばある国の通貨の為替レートが将来上昇するであろうと予想すれば，現時点でこの通貨を大量に買うという行動が取られます。その結果この国の為替レートは上昇して，その国の輸出産業は打撃を受けることになります。

　とくに経済規模の小さい国や資本市場が整備されていない国はこのような**投機マネー**のターゲットになりやすくなります。したがって小さな国や発展途上国の多くは，完全な変動為替相場制をとらず，主としてその国と経済的結びつきの強い信用力のある通貨，たとえばアメリカドル等とリンクさせて固定為替相場制に近い制度を採用しています。これは，厳密には各国の通貨はドルとの交換比率が完全に固定されているわけではなく，国際収支の赤字がその国の実体

コラム　為替のリスクヘッジ──通貨オプションと通貨スワップ

　グローバル化が進み，外国との経済取引が活溌になるにつれて，それに伴うリスクも大きくなります。すなわち1990年代以降，変動為替相場制のもとで金融市場における取引規模が拡大する中で，為替相場や金利，債権等の価格変動リスクが高まってきました。そうした資産がもつリスクをヘッジ（回避）する取引が求められるようになり，さまざまな金融商品が開発されていて，先物取引やスワップ，オプション取引などがあります。これらは序章のコラム（p.17）でも紹介したデリバティブ（金融派生商品）ですが，ここでは通貨オプションと通貨スワップの仕組みを説明します。

　通貨オプションとは，ある通貨を，将来のある一定期日に，当初定めた一定の価格で買う権利（コールオプション），または売る権利（プットオプション）を売買する取引です。権利の買い手は一定の対価（オプション料）を支払い，その権利を期日に行使するか，期日前に放棄するかを自由に選択できます。仮にいま，ある輸出企業が代金5万ドルを1ドル100円で売る権利を買えば，たとえ1カ月後に円ドル相場が90円になっていても，この企業は100円でドルを円に交換することができます。逆に，相場が110円になっていれば権利を放棄して110円で円に交換したほうが得です。損失はオプション料だけです。

　また，企業はこうした輸出入に伴う為替リスクの他に，中・長期の資金調達に伴う為替リスクも負っていますが，それをヘッジするのが通貨スワップです。これは異なる通貨で債務を持っている当事者間で，利息の支払いと元本返済を交換するというものです。たとえば，ドル建て債務（ドル建ての社債発行など）をもつA社が為替リスクのため，これを円建て債務に切り替えたいとします。このとき，もし同様の理由から，円建て債務をドル建て債務に切り替えたいB社があれば，銀行などの金融機関が仲介役となって，それぞれの利払いや元本返済を交換することで，為替変動に伴うリスクをヘッジすることができ，資金の調達コストが確定できます。

経済に深刻な影響を及ぼしたり、長期にわたる国際収支の赤字が発生した場合には為替レートの変更を認めるというもので、このような制度を**アジャスタブル・ペッグ制**（調整可能な固定為替相場制）といいます。

実際、主要先進国が変動為替相場制に移行したあと、資本市場がグローバル化するにつれて、国際的な投機的資金の動きが活発化し、為替レートもこのようなお金の動きに左右されるようになってきました。その象徴的な出来事は1997年にタイ、インドネシア、韓国などの東アジアの国々を襲った金融危機です（p.119のコラム参照）。また、序章でも述べましたが、アメリカで発生したサブプライムローン問題は国際的なマネーのチャネルを通して、2008年後半には世界経済を直撃しました。とくに日本に対する影響は大きく、リーマン・ショック（2008年9月）以降は外需の減少、円高傾向によって輸出は大きく落ち込み（**図10-9**）、2008年度の経常収支の黒字幅は縮小しています（**図10-8**参照）。

■ 本章のまとめ

　国際通貨とは、国際的な場でのさまざまな経済的取引や価値表示、富の貯蔵として機能しうる貨幣のことで、現実にはこれにもっとも近いものとして考えられるのはアメリカドルです。歴史的には第2次世界大戦前には、金が国際通貨としての機能を果たした時期がありました。各国の通貨は金と交換可能にすることで、金を媒介として通貨同士の交換を行うような制度を金本位制といいます。

　この場合、各国が自国通貨を発行できる量は保有している金の量に制約を受けるため、貨幣供給量の調整による経済政策を用いて国のマクロ経済を運営することが困難になります。結局、金本位制は破綻して、それぞれの国は輸出において、自国に有利となる為替の切り下げを行い、また輸入に対しては関税を課す政策を取ったため、世界の貿易量が縮小

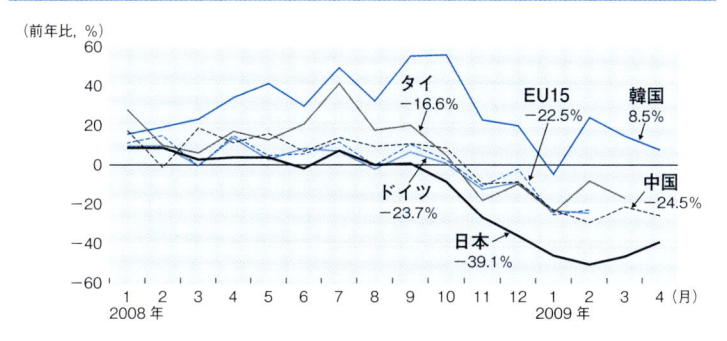

図10-9 主要国の対世界財輸出の増加率（現地通貨ベース）
(出所) 経済産業省（2009）「平成21年版 通商白書」
(資料) *World Trade Atlas*より作成

コラム　海外の日本への直接投資

　p.138のコラムで日本の対外直接投資について述べました。それに比べると対内直接投資のほうは低調といえます。残高ベースで見た場合でも，対内直接投資額は対外直接投資額に比べて3分の1の金額です（2008年）。GDPに占める割合も，日本の対外直接投資残高は12.3％，対内直接投資残高は3.67％であるのに対して，たとえばアメリカでは，それぞれ25.61％，18.33％，韓国では27.1％，10.49％となっています。

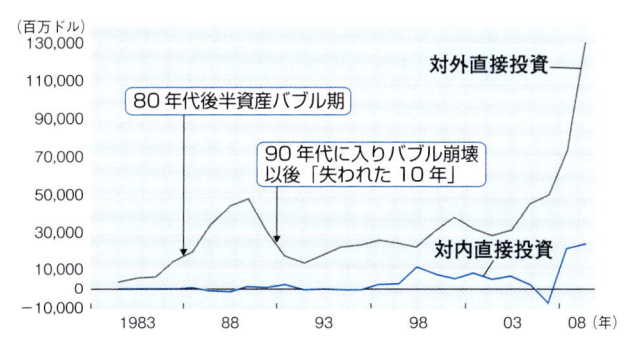

図10-10　日本の対内直接投資と対外直接投資の推移（国際収支ベース，ネット，フロー）
(出所)　日本貿易振興機構（JETRO）日本の直接投資統計データより作成

してしまいました。

　このような反省から第2次世界大戦後はガットによって自由貿易を推進する一方，国際的な取引のための国際的な通貨体制はIMFにおいて，アメリカドルを世界の機軸通貨として，各国の通貨とドルとの交換は，固定為替相場制を採用しました。そしてドルを金と交換可能にすることによって，国際通貨としてのドルの信用を保ちました。このような世界の経済体制はブレトンウッズ体制といわれます。

　しかしアメリカ経済に陰りがみえると，アメリカは金の保有量とのバランスを超えたドルの供給を行うようになったため，ドルを金に換えるという行動が世界において顕著になり，1971年にアメリカは金とドルの交換を停止し（ニクソン・ショック），1973年には，為替相場は変動為替相場制に移行し，現在に至っています。変動為替相場制に移行後，趨勢的には円高・ドル安傾向が続いてきました。とくに1985年の先進5カ国の協議によるドル安の容認（いわゆるプラザ合意）後は加速的に円高・ドル安が進行しました。

　変動為替相場制のもとでは為替レートが日々変化するため，通貨の交換のタイミングによって為替リスクが発生します。このリスクを回避するために資金の取引についてさまざまな方法が考えられるようになりました。これらはデリバティブ取引といわれ，投機的な取引がこれらの取引を使って活発になってきています。そしてこの大量の投機的な取引は経済的に弱小な国や資本市場が未整備な途上国を襲い，1997年には東アジアの国に深刻な打撃を与えました。また近年では先進国のアメリカにおいてサブプライムローン問題を引き起こして，世界経済に大きな打撃を与えました。

文献案内

　ここでは，国際経済学をさらに深く学ぶためのテキストを紹介します。

　[1]　伊藤元重（2005）『ゼミナール国際経済入門［改訂3版］』日本経済新聞出版社

　500ページほどからなりやや分厚いテキストですが，国際経済の現状や歴史的な歩みについて広範囲にやさしく解説している好著であり，本書を読んだ後にぜひ薦めたい著書です。ただし，貿易の比較優位論や国際マクロのマンデル=フレミング・モデルなどの理論的な説明は，コラム的にごく簡単に扱われています。

　[2]　小浜裕久・深作喜一郎・藤田夏樹（2001）『アジアに学ぶ国際経済学』有斐閣

　日本の海外との経済的な結びつきは，近年，アメリカからアジア諸国，とくに東南アジアや中国などにその比重が移りつつありますが，本書は国際経済の現状を，アジア経済と経済発展に焦点をあてながら説明しています。貿易理論や国際マクロモデルなどの国際経済学の理論的側面についても，ページを割いて説明されています。国際経済の視点から，アジア経済の基本を学ぶ上で有用なテキストです。

[3]　澤田康幸（2003）『基礎コース国際経済学』新世社

　国際貿易，国際金融に加えて，開発経済学が独立して取り上げられています。また，国際貿易と経済地理の融合をめざした空間経済学や，経済成長を内生的な要因によって説明しようとする内生的成長理論など新しい分野のテーマも扱われています。

[4]　大川昌幸（2015）『コア・テキスト国際経済学［第2版］』
　　　新世社

　基本的な国際経済理論についての平易な説明が丁寧にされていて，たいへんわかりやすいテキストです。スタンダードなテキストとして貴重な本といえます。
　以下の3冊は国際貿易に焦点を当てたものです。やさしいものからやや高度なものへと順にあげておきます。

[5]　若杉隆平（2009）『国際経済学［第3版］』岩波書店
[6]　竹森俊平（1994）『国際経済学』東洋経済新報社
[7]　伊藤元重・大山道広（1985）『国際貿易』岩波書店

　国際マクロ・国際金融に関するテキストについては，次の2冊をあげておきます。

[8]　高木信二（2011）『入門国際金融［第4版］』日本評論社
[9]　藤井英次（2013）『コア・テキスト国際金融論［第2版］』
　　　新世社

以上は大学の学部生向けのテキストであり，大学院でのテキストについては省略します。このほかにも日本の研究者が著した優れたテキストは多くあります。また，海外の優れた研究者の手によるテキストもアメリカを中心に入門から大学院まで多くあり，その翻訳書も日本において出版されています。総じて海外のテキストは日本のものに比べて分量が2倍ほどで，豊富な事例と幅広いテーマが取り上げられています。海外のテキストや大学院レベルのテキストは上述したテキストの巻末等に紹介されているので，そちらを参照して下さい。

　なお，国際経済で扱うテーマについての理解を深めるためには以下のような副読本が便利でしょう。

[10]　渡辺利夫編（2009）『アジア経済読本［第4版］』東洋経済新報社

[11]　ポール・クルーグマン　北村行伸・高橋　亘・妹尾美起訳（1994）『脱「国境」の経済学――産業立地と貿易の新理論』東洋経済新報社

[12]　渡辺利夫（1996）『開発経済学――経済学と現代アジア［第2版］』日本評論社

[13]　柳川範之（1998）『戦略的貿易政策――ゲーム理論の政策への応用』有斐閣

[14]　野口　旭（1998）『経済対立は誰が起こすのか――国際経済学の正しい使い方』筑摩書房

[15]　竹森俊平（1999）『世界経済の謎――経済学のおもしろさを学ぶ』東洋経済新報社

[16]　田村次朗（2006）『WTOガイドブック［第2版］』弘文堂

[17] 浜　矩子（2009）『グローバル恐慌——金融暴走時代の果てに』岩波書店
[18] 経済産業省「通商白書」（各年版）

人名索引

ア　行

アダム・スミス（Adam Smith）　6, 24
オリーン（Bertil G. Ohlin）　6, 38

カ　行

グルーベル（Herbert G. Grubel）　83
ケインズ（John M. Keynes）　12

サ　行

サミュエルソン（Paul A. Samuelson）　8

ナ　行

ニクソン（Richard M. Nixon）　222

ハ　行

フレミング（Marcus J. Fleming）　14, 192

ヘクシャー（Eli F. Heckscher）　6, 38

マ　行

マーシャル（Alfred Marshall）　58
マクドゥガル（G. D. A. MacDougall）　77
マンデル（Robert A. Mundell）　14, 192
ミル（John S. Mill）　35

ラ　行

リカード（David Ricardo）　6, 22, 30
レーガン（Ronald W. Reagan）　222
レオンティエフ（Wassily W. Leontief）　51
ロイド（Peter J. Lloyd）　83

ワ　行

ワルラス（León Walras）　12

事項索引

ア 行

アジア金融危機　115
アジア太平洋経済協力会議（APEC）
　　135
アジャスタブル・ペッグ制　230
アダム・スミスの分業論　22
アンチダンピング　129

一般関税交渉　126
一般均衡分析　88, 89, 98, 101, 103〜105, 107, 108
インフレーション　176

失われた10年　122
売りオペレーション（売りオペ）　180
ウルグアイ・ラウンド　115, 126〜130, 134

円高　157, 224
円建て　144, 148

欧州共同体　115
欧州連合（EU）　12, 115, 127, 132, 135

カ 行

買いオペレーション（買いオペ）　180
外貨準備　141, 142, 150, 151, 158, 197
　――増減　143
外貨建て　144
外国為替市場　119, 146, 158, 181
外国貿易乗数　170, 171, 174

開放マクロ経済モデル　160
格付会社　19
閣僚会議　132
加工貿易国　114
貸方　142
寡占市場　109
寡占的競争　108
価値尺度　176, 210
ガット（GATT）　114, 124, 125, 127, 129, 132, 134, 136, 219, 232
貨幣供給量　178, 180, 182, 189, 190, 197, 200, 202, 203, 206, 208, 214, 220, 230
貨幣市場の均衡　188, 196
貨幣需要　184, 197
　――関数　186, 187, 189
　――量　189, 202
貨幣の機能　177
貨幣の投機的側面　14
下方硬直性　214
借方　142
為替介入　182
　――政策　184
為替差益　228
為替差損　228
為替市場　154
為替リスク　232
為替レート　144, 150, 152, 154, 156, 157, 212, 215, 217, 220, 230, 232
　――の決定　14
関税　86, 87, 92, 94, 96, 104, 105, 109, 124, 126, 128, 130, 133, 136, 217, 219, 230
　――政策　88, 96

事項索引

——と貿易に関する一般協定　124
——引き下げ　127
完全競争企業　62, 63, 76, 109
完全雇用　198

企業規模　78
——の経済　74
企業に内部的な収穫逓増的生産技術　74〜76, 78
企業の利潤最大化　77
基軸通貨　224
規模の経済　8, 10, 11, 56, 58, 59, 72, 82
均衡為替レート　148, 150
金本位制　212〜217, 220, 230
金本位復帰　213
金融オプション取引　17, 228
金融緩和政策　224
金融危機　118, 119
金融先物取引　17
金融収支　140〜143, 192〜195
金融スワップ取引　17, 228
金融政策　12, 15, 192, 202〜204, 206, 208, 216
金融派生商品　→デリバティブ
近隣窮乏化政策　216, 217

クールノー競争　78
グローバリゼーション（グローバル化現象）　22
グローバル化　118, 132
——現象　→グローバリゼーション
経済協力開発機構（OECD）　115
経済厚生水準　100, 102
経済連携協定　117, 136, 137
経常収支　4, 15, 117, 122, 140, 142, 158, 192, 193, 195, 196, 224, 226, 227, 230

——経済学　12, 13
ゲームの理論　10, 108, 110
ケネディ・ラウンド　126, 127, 129
限界消費性向　167
限界輸入性向　167
現金　178, 210

公開市場操作　180, 186, 189, 190
公定歩合　178〜181, 186, 189, 190, 202
国際間資本移動　196
国際間労働移動　12, 13, 77, 79, 81
国際金融市場　16
国際金融論　4
国際収支　158, 192, 193, 196〜198, 202, 204〜206, 214, 215, 220, 228
——統計　140
国際収支の均衡　192, 195, 196
——条件　194
国際通貨　210, 212, 230
——基金（IMF）　114, 218〜220, 232
——制度　215, 216, 218, 220
——体制　222
国際貿易機構（ITO）　219
国際貿易論　4, 20
国際マクロ経済学　4, 20
国内産業保護　217
国内総支出　162, 165
国内総所得　165, 166, 184, 186〜188
国内総生産（GDP）　2, 3, 119, 162〜166, 170, 172〜174, 186, 190, 197, 198, 200, 202, 204
国内総生産水準　169, 206, 208
国富論　6, 24
誤差脱漏　140〜143, 193
固定為替相場制　16, 115, 146, 150, 151, 158, 197, 198, 201〜206, 208, 220,

222, 228, 232
固定為替レート　150
古典派経済学　2

サ　行

サービス収支　140, 141, 143, 227
サービス貿易　131, 133
財貨・サービス収支　227
最恵国待遇の原則　124, 125
債券市場　181
財市場の均衡　196
財政支出　200, 202, 205, 208, 224
財政政策　12, 15, 192, 200〜202, 205, 206, 208
財のバラエティ　8
最優遇金利　→プライムレート
先物取引　228
サブプライムローン問題　16, 19, 117, 230, 232
差別化　80, 84
産業内貿易　10, 82〜84, 122
　——指数　83
産業の空洞化　118
産業連関表　51

自給自足　28
自主輸出制限　115, 116
市場利子率　186, 187
資本移転等収支　140〜143, 193
資本移動　7, 205, 206, 208
資本収支　142, 143
資本集約的な財　40, 41, 46, 47
資本豊富国　42, 43
社会主義市場経済　117
社会的余剰　90, 92〜96, 98, 99

収穫一定　41, 57, 58, 60, 62, 66, 69, 82
　——の生産技術　54
収穫逓増的　57, 58, 65, 71, 74, 75
　——な生産技術　56
従価税　92
重商主義　2
自由貿易　11, 86, 92〜94, 98〜101, 104, 105〜107, 109, 114, 122, 136, 232
重量税　92
小国の仮定　88, 89
乗数　171, 172, 174
消費関数　166
消費者余剰　90〜95, 98, 99
情報通信革命　118, 132
所得制約式　46, 48
所得制約線　48, 50, 102
所得線　106
新古典派経済学　12, 13

数量割当　219
スミソニアン合意　213
スミソニアン体制　222

生産可能性集合　42, 43
生産可能性フロンティア　42〜48, 65〜68, 100, 106
生産関数　56, 58, 60, 61, 63, 64, 66, 79
生産者余剰　90〜95, 98
政府支出　170〜172, 174, 205, 206, 224
世界銀行　219
世界貿易機関（WTO）　12, 115, 128, 130〜132, 136
絶対優位　28
絶対優位論　24, 32
　アダム・スミスの——　25, 27〜29
ゼロ金利政策　226

事項索引

戦略的貿易政策　109〜111
　——論　10, 11

総供給　162〜164
総需要　162〜164

タ　行

第一次所得収支　140〜143
第1次石油危機　115, 116
対外直接投資　231
大恐慌　122
対内直接投資　231
第二次所得収支　140〜143
第2次石油危機　116
多角的貿易交渉　126
多国籍企業　12, 13
短期資本　119

地域経済主義　12, 13
地域経済統合　135, 136
地域貿易協定　131
地位経済圏　134
知的財産権　130, 133
知的所有権　127〜129
直接投資　7, 138, 231
中央銀行　178, 180, 181, 186

通貨オプション　228
通貨危機　16
通貨切り下げ政策　218
通貨スワップ　228
通貨当局　140, 176, 218
通商法301条　132

デフレーション　176

デリバティブ（金融派生商品）　17, 228
　——取引　16, 232

投機的需要　184, 185, 187, 189, 190
投機マネー　228
東京ラウンド　126, 127, 129
投資関数　168
東南アジア諸国連合（ASEAN）　134
ドーハ・ラウンド　133
独占企業　76
独占的競争　80, 83
独占利潤　78
特化　24, 30, 32
富の貯蔵の手段　176
取引的需要　184, 185, 189, 190
ドル建て　146

ナ　行

内外価格差　117, 226
内国民待遇の原則　124, 125

ニクソン・ショック　115, 213, 222
2国間自由貿易協定　136
日銀のドル売り　150, 180
日銀のドル買い　150, 180, 183
日米構造協議　115〜117
日米貿易摩擦　10, 115, 117, 136
日本銀行　140, 150, 152, 158, 176, 178,
　180〜182, 186, 189, 190, 202

ハ　行

パーツ　119
バブル経済　226

比較優位　35, 52, 73
比較優位論　6, 22, 29, 32, 50
　　アダム・スミスの——　24
　　ヘクシャー=オリーンの——　8, 34, 54, 72, 86
　　リカードの——　24, 30, 31, 33～36, 38, 40, 54, 64, 66～68, 72
東アジアの奇跡　119
非関税障壁　126, 133

付加価値　164, 165
不完全競争　82
賦存量　6, 8, 38, 73
不胎化された為替介入政策　182, 183
不胎化しない為替介入政策　183, 184
双子の赤字　115, 224
部分均衡分析　88, 89, 95, 97～99, 104, 108
プライムレート（最優遇金利）　19
プラザ合意　117, 224
ブレトンウッズ体制　213, 218～220, 222, 232
ブロック化　134
ブロックの形成　219
分業論　6, 22

平成不況　226
ヘクシャー=オリーン・モデル　7, 40, 41, 46, 50
ヘクシャー=オリーンの定理　46, 47, 51
ヘクシャー=オリーンの貿易モデル　38, 39
ヘッジファンド　17
変動為替相場制　16, 18, 115, 146, 152, 154～156, 158, 204～206, 208, 213, 222, 228, 230, 232

貿易・サービス収支　140
貿易三角形　48～50, 104, 106
貿易収支　140, 143
貿易政策　86, 108, 109
貿易体制　122
貿易の自由化　128, 130
貿易パターン　73
貿易不均衡　117
貿易摩擦　116
邦貨建て　144
北米自由貿易協定（NAFTA）　12, 115, 134, 135
保護主義政策　219
保護主義的　122
本源的生産要素　6, 8

マ　行

マーシャルの外部経済　58～62, 64～66, 68, 70, 73, 76, 82
マクドゥガル・モデル　77, 79, 81
マンデル=フレミング・モデル　14, 16, 192, 208

ミルの相互需要説　35

無差別曲線　46～48, 100, 102, 106

ヤ　行

輸出自主規制　86, 87, 108
輸出補助金　86～88, 98, 99, 106, 109, 133
輸入関数　168, 194, 197
輸入関税　95, 97, 103, 105, 107, 108
　　——政策　218

事 項 索 引

輸入禁止　　86, 87
輸入数量制限　　86〜88, 97, 104, 107, 108, 126, 128
　　——政策　　94
輸入制限　　217
　　——量　　96

要素賦存量　　47, 100
　　——の差　　40
幼稚産業保護　　10
預金　　178, 210
予備的需要　　184, 185, 189, 190

ラ　行

ラウンド　　126

リーマン・ショック　　19, 230
リカード・モデル　　7, 31, 50
リスクヘッジ　　228

レオンティエフ・パラドックス　　51

労働集約的な財　　41, 42, 46, 47

労働の限界生産性　　77, 79
労働賦存量　　36, 64, 68, 70, 76, 79
労働豊富国　　42, 43

英　字

AFTA　→ASEAN自由貿易地域
APEC　→アジア太平洋経済協力会議
ASEAN　→東南アジア諸国連合
ASEAN自由貿易地域（AFTA）　　135
BP曲線　　196, 198, 202, 204
EU　→欧州連合
GATT　→ガット
GATTケネディ・ラウンド　　115
GDP　→国内総生産
IMF　→国際通貨基金
IS曲線　　172, 173, 198, 200, 201, 204, 208
ITO　→国際貿易機構
LM曲線　　189, 190, 198, 200〜204, 208
NAFTA　→北米自由貿易協定
OECD　→経済協力開発機構
WTO　→世界貿易機構
WTO閣僚会議　　133
WTOドーハ・ラウンド交渉　　117

著者略歴

多和田　眞
たわだ　まこと

1948年　愛知県に生まれる
1971年　名古屋市立大学経済学部卒業
1980年　ニューサウスウェールズ大学大学院経済学研究科博士課程修了（1981年経済博士号取得）
　　　　東京都立大学経済学部助手，兵庫県立神戸商科大学商経学部講師・同助教授，名古屋市立大学経済学部助教授・同教授，名古屋大学大学院経済学研究科教授，愛知学院大学教授を経て，
現　在　名古屋大学名誉教授

主要著書・論文

"The production possibility set with public intermediate goods", *Econometrica*, 1980.

"International trade with a public intermediate good", *Journal of International Economics*, 1983.（共著）

"*Production structure and international trade*", Springer-Verlag, 1989.

『コア・テキストミクロ経済学』（新世社，2005）

コンパクト経済学ライブラリ＝6
コンパクト 国際経済学

2010年10月25日©　　　　　　　　　　初　版　発　行
2021年 4 月25日　　　　　　　　　　初版第6刷発行

著　者　多和田　眞　　　　　発行者　森平敏孝
　　　　　　　　　　　　　　印刷者　馬場信幸
　　　　　　　　　　　　　　製本者　小西惠介

【発行】　　　　　　　　　　株式会社　新世社
〒151-0051　　東京都渋谷区千駄ヶ谷1丁目3番25号
☎(03)5474-8818(代)　　　　　　　サイエンスビル

【発売】　　　　　　　　　　株式会社　サイエンス社
〒151-0051　　東京都渋谷区千駄ヶ谷1丁目3番25号
営業 ☎(03)5474-8500(代)　　　　振替 00170-7-2387
FAX ☎(03)5474-8900

印刷　三美印刷　　製本　ブックアート
《検印省略》

サイエンス社・新世社のホームページ　　本書の内容を無断で複写複製することは，著作者および
のご案内　　　　　　　　　　　　　　出版者の権利を侵害することがありますので，その場合
http://www.saiensu.co.jp　　　　　　にはあらかじめ小社あて許諾をお求め下さい．
ご意見・ご要望は
shin@saiensu.co.jp　まで．　　　　　ISBN978-4-88384-153-0
　　　　　　　　　　　　　　　　　　PRINTED IN JAPAN

コンパクト 経済学ライブラリ 1

コンパクト
経 済 学
第2版

井堀利宏 著
四六判／208頁／本体1650円（税抜き）

経済学の基礎をコンパクトにまとめた好評入門書の最新版．基本経済用語についての解説をより手厚くし，統計データをアップデート，さらに今日の日本経済における重要トピックについても紹介した．2色刷・完全見開き形式として，左頁の本文では経済学の基本理論をむずかしい数式を使わず明快に解説し，右頁には本文のトピックに関連する図やコラムを配して，読者の理解に配慮した．

【主要目次】
経済学とは／消費者の行動／企業の行動／市場のメカニズム／市場の問題／政府／金融／マクロ市場／マクロ政策／国際経済

発行 新世社　　発売 サイエンス社

コンパクト 経済学ライブラリ 2

コンパクト マクロ経済学 第2版

飯田泰之・中里 透 共著
四六判／208頁／本体1810円（税抜き）

本書は，マクロ経済学の「入門の入門書」として好評を博してきたテキストの改訂版です．初版刊行後の，リーマン・ショック，アベノミクスの登場，消費税率の引き上げといった大きな出来事をうけ，最近の経済政策に関する項目を大幅に改訂し，それに対応した統計データのアップデートも行っています．見開き・2色刷で読みやすく，初学者や短時間で基礎的知識を整理したい方に最適の一冊です．

【主要目次】

マクロ経済学を学ぶ／財市場の均衡／金融市場の均衡／IS-LM分析／労働市場とAD-ASモデル／労働市場をめぐる議論／マクロ経済学の発展／マクロ経済学と日本経済

発行 新世社　　発売 サイエンス社

経済学コア・テキスト&最先端 11

コア・テキスト
国際経済学
第2版

大川昌幸 著

A5判／320頁／本体2650円（税抜き）

はじめて国際経済学に触れる読者を対象とした好評テキストの改訂版．各章のデータの更新や新しいトピックスの追加を行いつつ，基本となる概念やモデルの解説についても，よりわかりやすいものとした．初学者でも無理なく読み通せるよう工夫された丁寧な説明で，より高度な学習に進むための基礎を身につけることができる．2色刷．

【主要目次】
第Ⅰ部 国際貿易とその理論 世界の通商システムと日本／貿易の基本モデル（1）：部分均衡分析／貿易の基本モデル（2）：2財の貿易モデル／リカード・モデル／ヘクシャー＝オリーン・モデル／不完全競争と国際貿易／完全競争と貿易政策／不完全競争と貿易政策／生産要素の国際移動／地域経済統合とその理論
第Ⅱ部 外国為替と国際マクロ経済 海外取引と国際収支／外国為替市場と外国為替レート／外国為替相場の決定理論／外国貿易と国民所得水準の決定／開放経済のマクロ経済政策

発行 新世社　　発売 サイエンス社